조혜련의 어린이를 위한
미래일기

조혜련의 어린이를 위한
미래일기

초판 1쇄 인쇄 2011년 11월 23일
초판 1쇄 발행 2011년 11월 30일

지은이 조혜련
그린이 에스더
펴낸이 연준혁

출판 2분사 분사장 이부연
편집장 김연숙
책임편집 김세원
제작 이재승

펴낸곳 (주)위즈덤하우스
출판등록 2000년 5월 23일 제13-1071호
주소 경기도 고양시 일산동구 장항동 846번지 센트럴프라자 6층
전화 031-936-4000 **팩스** 031-903-3891
홈페이지 www.wisdomhouse.co.kr
출력 엔터 **종이** 월드페이퍼 **인쇄·제본** 현문

ⓒ 조혜련, 2011
ISBN 978-89-6086-501-3 13370

*책 값은 뒤표지에 있습니다.
*잘못된 책은 바꿔드립니다.
*이 책의 전부 또는 일부 내용을 재사용하려면
 반드시 사전에 저작권자와 (주)위즈덤하우스 양측의 서면에 의한 동의를 받아야 합니다.

국립중앙도서관 출판시 도서목록(CIP)

조혜련의 어린이를 위한 미래일기 / 글:조혜련 · 그림:에스더--
고양 : 위즈덤하우스, 2011
  p. ; cm

ISBN 978-89-6086-501-3 13370 : ₩11,800

375.2-KDC5   CIP2011004970

조혜련의 어린이를 위한
미래일기

글 조혜련 | 그림 에스더

위즈덤하우스

'미래일기'란 무엇일까?

지금부터 제가 여러분에게 권하고 싶은 일기는 '미래일기'예요. 말 그대로 미래의 일들을 일기로 쓰는 것이죠.

'뭐라고요? 아직 일어나지도 않은 미래의 일을 어떻게 일기로 쓸 수 있어요? 내가 신도 아닌데 말이에요.'

이렇게 생각하는 친구들이 많을 거예요.

솔직히 말하면 그래요. 우리는 당장 한 시간 뒤에 무슨 일이 일어날지 전혀 모르니까요.

저도 몇 년 전까지는 그랬어요. 앞으로 일어날 일에 대해 두려워하며 '잘못되면 어떡하지?' 하고 걱정만 했지요.

그러다가 세계적으로 널리 알려진 『시크릿』이라는 책을 읽게 되었어요. 미국의 유명한 토크쇼 사회자 오프라 윈프리가 자신이 출연하는 프로에서 이 책을 소개했는데, 몇백 년에 걸쳐 성공한 사람들을 대상으로 성공의 법칙을 연구했더니 그들 모두 자기의 인생을 적극적으로 만들어 왔다는 공통점이 있다는 내용이었어요. 세계적으로 성공한 사람들, 예를 들면 빌 게이츠, 스티브 잡스, 버락 오바마, 아인슈타인, 나이팅게일 등등 말이죠. 그 비밀은 바로 **자기 스스로가 미래의 어떤 일들을 멋지게 상상하고 만들어 가면 자신이 원하는 대로 다 이루어진다는 것이었어요.**

우리가 잘 알고 있는 김연아 선수, 박지성 선수의 인터뷰를 보더라도 비슷한 것 같아요. 김연아 선수도 박지성 선수도 어린 시절부터 자기는 세계적인 선수가 될 거라고 결심하고 노력해 왔다고 하더라고요. 두 선수 다 미래에 어떤 사람이 되고 싶은지 머릿속으로 상상하고 미래일기를 써 온 셈이지요.

저도 이 방법을 알고 난 다음부터는 매일매일 나의 미래를 멋지게 상상하고 있답니다. 그리고 실제로 그렇게 되어 가고 있는 것을 보면서 깜짝 놀라기도 하지요.

이제부터 여러분도 자신의 미래를 미래일기로 멋지게 써 보면 어떨까요?

　여러분은 아직 어리기 때문에 할 수 있는 일들이 매우 많아요. 아마 상상하고 머릿속에 그려 보는 것만으로도 정말 엄청난 일들이 벌어질 거예요.

　미래에 대한 것이라면 언제, 어떤 것이든 다 좋아요. 앞으로 한 시간 뒤도 미래이고, 일주일, 1년, 20년, 50년 뒤도 다 미래이지요. 흰 도화지에 자신이라는 작품을 멋지게 그리고 그것을 이루어나가는 거예요. 어려울 게 하나도 없어요.

　여러분들은 앞으로 어떤 사람이 되고 싶나요? 가장 하고 싶은 것은 뭔가요? 원하고 상상하는 모든 걸 한번 써 보세요.

　좋은 대학에 들어가는 것이 목표일 수 있고, 멋진 사업가가 되는 것, 훌륭한 대통령을 꿈꾸어도 좋아요. 아, 결혼에 대한 것도 미리 그려 보면 좋겠네요. 현빈처럼 잘생긴 남편을 만나거나 애프터스쿨의 유이 같은 멋진 부인을 만날지도 모르잖아요.

　지금부터 이 모든 것을 멋지게 상상해 보기로 해요.

　나는 이제부터 여러분이 미래일기를 멋지게 쓸 수 있도록 안내자 역할을 할 거예요.

인생의 주인공은 바로 나랍니다.

여러분, 이제부터 자신이 만드는 '인생'이라는 영화의 감독이 되어서 멋진 시나리오를 써 보아요.

'미래일기'를 쓸 때 주의할 점

나는 거의 3년째 미래일기를 쓰고 있어요. 나의 미래에 대해 이렇게 구체적으로 상상하게 된 계기는 『시크릿』이라는 책을 통해서였지만 나폴레옹 힐이라는 작가의 영향도 커요. 나폴레옹 힐은 28년 동안 성공한 사람들에 대해 연구하면서 '성공의 법칙'을 알아내려고 애썼어요. 마침내 그가 발견한 것은 '성공한 사람들은 자신의 꿈이나 목표를 미리 상상하고 계획한다'는 것이었죠. 별로 어렵지 않죠? 그러면 우리도 한번 따라해 볼까요?

 **❶ 원하는 것과 그것이 이뤄졌을 때의 느낌을 꼭 함께 쓴다.**

미래일기가 에너지를 가지기 위해서는 미래의 그 일이 마치 지금 일어난 것처럼 자세하게 쓰고, 느낌을 살려 쓰는 것이 매우 중요하답니다. 내가 원하는 것이 이루어졌을 때 나의 느낌 말이지요.

내가 쓴 두 개의 미래일기를 한번 비교해 봐요. 뒤에 쓴 미래일기는 확실히 '느낌'이 있죠?

원하는 것을 이루었을 때 나의 느낌!

이것이 핵심이랍니다.

여러분은 나보다 상상력이 뛰어나니까, 더 잘 쓸 수 있을 거예요.

2018년 3월 2일

연세대학교 경영학과에 들어갔다.
오늘은 입학식을 치렀다.
정말 행복하다.

2018년 3월 2일

드디어 내가 그토록 원하던 연세대학교 경영학과에 합격!
오늘은 입학식이다.
입학식장으로 걸어 들어가는데 학교가 무척 아름다웠다.
아직 피지 않은 벚꽃이 꽃봉오리를 맺고 있는 백양로를 나는 엄마의 손을 잡고 걸었다.
엄마는 사랑스러운 눈빛으로 나를 쳐다보며 이렇게 말씀하셨다.
"내 아들, 자랑스럽구나! 대학 생활도 열심히 해서 훌륭한 사람이 되어 주렴!"
앞으로 난 세계 최고의 경영자가 될 것이다.
돈을 많이 벌어 세상의 배고픈 사람들을 돕는 데 쓸 것이다.

❷ 날짜를 정확하게 쓴다.

내가 이루고 싶은 것이 무엇이고 그것을 언제 이룰 것인지 정확한 날짜를 쓰는 것이 중요해요. 나는 5개 국어를 모두 정복하는 날을 2020년으로 정했어요. 여러분도 자신이 원하는 것을 구체적인 날짜까지 정해서 써 봐요. 언제 대학에 들어가는지, 언제 결혼을 하는지 등…….

이것은 근거 없는 이야기가 아니에요. 미래를 자기가 결정하고 만들어 가는 것이 자신의 인생에 얼마나 큰 영향을 미치는지 뇌 과학자들이 과학적으로 밝혀냈어요.

사람의 생각 중에는 잠재의식이라는 것이 있어요. 이 잠재의식은 우리가 인식하지 못하는 의식 세계예요. 눈에 보이지 않고 느끼지 못하지만 분명 있기는 한 거죠. 이 잠재의식은 두 가지를 구분 못하는데, 그중 하나가 '시제'랍니다. 시제는 과거, 현재, 미래를 말해요. 이 잠재의식이 시제를 구분 못하니 내가 미래의 일들을 '이미 그렇게 되었다'라고 결정해 버리면 잠재의식이 헷갈려서 내가 원하는 에너지로 따라간다는 거예요. 그렇기 때문에 간절히 바라는 꿈이 현실로 이뤄지는 거죠.

❸ 자기 전에 꼭 읽는다.

여러분이 쓴 미래일기를 자기 전에 꼭 읽어 보는 것이 중요해요.

우리가 잠을 잘 때 우리의 몸은 잠을 자고 있지만 잠재의식은 깨어 있대요. 그래서 자기 전에 내가 원하는 것을 날짜와 함께 읽으면 그 에너지가 전달이 되어서 원하는 방향으로 움직이는 것이지요. 정말 신기하죠?

우리가 슬픈 생각을 하거나 무서운 영화를 보고 나서 잠을 자면 악몽을 꾸는 것도 같은 이치예요. 그러니까 항상 자기 전에 내가 원하는 일을 적어 놓은 미래일기를 읽으면, 자는 동안에 매일매일 그렇게 되도록 만드는 에너지가 내 몸 안에 생기는 거예요.

④ 마치 된 것처럼 행동한다.

미래일기를 쓴 다음에는 이미 그렇게 된 것처럼 마음을 먹고, 또 행동도 그렇게 하는 거예요. 이렇게 행동한 대표적인 사람이 「이티」, 「쥬라기 공원」 등을 만든 영화감독 스티븐 스필버그예요. 그는 아직 감독이 되기 전부터도 '유니버셜 스튜디오'로 2년 동안 매일 출근을 했대요. 자기는 이미 세계적으로 유명한 감독이라고 생각하고 그렇게 행동한 거죠. 「마스크」라는 영화로 유명한 배우 짐 캐리도 자기는 1994년 추수감사절에 멋진 영화로 1천만 달러를 받는다고 적어 놓았대요. 그 일은 정말 이루어졌어요. 정확히 자신이 적어놓은 그날 짐 캐리는 「마스크」의 주인공으로 발탁되었지요.

자신의 미래를 상상하고 계획하다 보면 말로는 설명할 수 없는 이런 일들이 반드시 일어난답니다. 그러니 여러분도 이제부터 자기의 미래를 멋지게 설계하는 사람이 되어 보면 어떨까요? 인생은 바로 여러분의 것이니까요.

차례

'미래일기'란 무엇일까? … 4
'미래일기'를 쓸 때 주의할 점 … 8

제1장 행복한 목표 세우기

조지환, 국민영화배우 되다 … 16
마음도 몸도 예쁘게 가꾸자! … 26
윔블던 우승 … 34
국민 개그맨이 되다 … 36
꿈과 희망의 주인공을 그리다 … 38
외국어 정복왕 … 46
엄마의 생일 … 54

제2장 나를 사랑하기

가슴 뛰는 일에 열중하라! … 62
세상은 넓고 할 일은 많다 … 72
나는 소중하니까 … 82
세로토닌하라 … 92
내 영화의 주인공은 '나' … 100

제3장 좋은 습관 키우기

가장 아름다운 마음 … 110

괜찮아, 다 잘될 거야! … 118

난 무엇이든 할 수 있어! … 126

사랑해, 고마워, 하루 세 번 말하기 … 134

내 마음의 비타민 … 144

나하고 약속하기 … 152

제4장 즐거운 상상하기

자연의 너른 품으로~ … 162

세계에서 만난 우리 한글 … 168

우리의 소원은 통일 … 174

나눔의 씨앗을 키워요 … 180

제1장

행복한 목표 세우기

정말 그것을 하고 싶다고 간절히 원하고, 끝까지 포기하지 말고 꿈꾸면 돼요. 왜냐하면 간절한 바람은 꼭 이루어지거든요. 자신이 세운 목표나 꿈은 헛된 공상이 아니에요. 그 꿈을 자꾸 떠올리면 생각이나 행동도 그렇게 따라가게 되어 있어요. 그것이 노력인 것이지요. 여러분의 꿈은 무엇인가요? 꿈이 있다면 꼭 이루어질 거라는 확신을 가져요.

2012년 5월 8일

조지환, 국민영화배우 되다

오늘은 참으로 뜻깊은 날이다.

사랑하는 내 동생 지환이가 「적」이라는 영화로 청룡영화제 남자 신인상을 받는 날이기 때문이다.

TV 생방송으로 진행되는 영화제 시상식 장면을 지켜보며 동네가 떠나가라 '만세'를 외치고 싶었다.

'조혜련 동생 조지환, 정말 자랑스럽다!'

나는 이 말을 마음속으로 몇 번이나 되뇌었는지 모른다.

그동안 지환이는 연기를 하고 싶다는 바람 하나로 참 힘들게 살았다.

부모님께 용돈을 척척 드리는 멋진 아들 노릇은커녕 하고 싶은 것, 먹고 싶은 것을 꾹 참으면서 오직 좋은 배우가 되기 위해서 노력해 왔다.
그런 동생이 드디어 빛을 보게 된 것이다.
영화 「적」은 곽경택 감독 작품으로 대한민국의 내로라하는 배우 황정민, 주진모 주연에 제작비만 총 150억이 든 대작이다.
유명한 선배들과 작품을 같이한 것만으로도 대단한 일인데 연기를 잘한 덕인지 생애에 한 번밖에 받을 수 없다는 신인상까지 거머쥐게 된 것이다.
지환이가 트로피를 받고 무대에 서서 수상 소감을 이야기한다.
"이런 날이 올지 꿈에도 생각하지 못했습니다. 그런데 오늘, 제게도 이런 순간이 찾아왔습니다. 여러분에게 저는 이제까지 조혜련의 동생으로 기억되었을 거예요.

저 역시 그런 생각이 강했어요.

그러나 이제 누나에게 이 말을 자신 있게 할 수 있을 것 같아요.

혜련 누나, 누나는 이제 영화배우 조지환의 누나야!

힘든 순간이 찾아올 때마다 이런 날을 얼마나 머릿속으로 그려 왔는지 모른답니다. 그 상상이 현실이 되었네요.

여러분도 원하는 것을 꿈꾸세요. 반드시 이루어집니다!"

발갛게 상기된 얼굴에 목소리마저 떨리는 지환이를 보고 있자니 나도 모르게 눈물이 주르륵 흘렀다.

그동안 얼마나 힘들었을까!

정말로 감동적인 순간이었다.

그 순간 엄마 생각이 났다.

나는 얼른 엄마에게 전화를 걸었다.

엄마도 시상식 장면을 지켜보고 계셨던지 울먹이면서 외쳤다.

"나는 이제 죽어도 억울하지 않다. 우리 아들 만만세! 그렇게도 열심히 하더니 결국 해내고야 마는구나. 내 아들이지만 너무도 자랑스럽다! 혜련아, 다 네 덕분이다. 고맙다! 우리 딸 만세!"

엄마는 아들딸을 번갈아 가며 만세를 외쳤다.

아마 나보다 천배는 더 기쁠 것이다.

하하하, 정말 기분 좋다.

지환이가 출연을 확정한 영화가 앞으로 다섯 편이나 된다고 하니 이제 얼굴 보기 힘들어질지도 모르겠다.

더 바빠지기 전에 밥이나 함께 먹자고 내가 먼저 이야기해야겠다.

자신의 목표나 꿈에 대해 이야기하는 사람은 많답니다. 그러나 그 꿈을 오랫동안 간직하는 사람은 드물어요. 사람들은 흔히 자기가 쉽게 포기해 놓고서는 꿈은 이루기 어렵다고 해요. 여러분의 꿈은 무엇인가요?

내게는 남동생이 한 명 있어요. 우리 집은 모두 여덟 남매랍니다. 식구가 그리 많지 않은 요즘에는 상상하기 힘든 숫자이지요? 옛날에는 자식이 그렇게 많았어요. 그중에서도 우리 집은 특히 많았어요. 왜냐고요? 우리 부모님이 아들을 낳고 싶었거든요. 저는 다섯째 딸이랍니다. 아들을 낳고 싶은데 계속 딸이 나오니 아들, 아들, 하고 바라시다가 어느덧 여덟 명을 낳게 된 것이지요. 지환이는 우리 부모님이 그렇게 얻은 귀한 아들이에요.

지환이의 꿈은 연기자였어요.

여러분이 생각하는 연기자란 어떤 모습인가요? 잘생긴 외모에

화려한 옷을 입고, 멋진 친구들에 둘러싸여 행복하게 살아가는, 모든 사람들의 사랑과 부러움을 한 몸에 받는 그런 모습이 아닐까요?

지환이가 처음 영화에 출연한 건 2003년에 개봉했던 「실미도」라는 영화였어요. 그 영화는 관객도 엄청나게 많이 든 성공한 영화였지요. 하지만 지환이는 결코 화려하지 못했어요. 1시간 반이나 되는 영화 중에 지환이가 나오는 장면은 고작 10초가 될까 말까 했으니까요. 10초면 정말 눈 깜빡하는 사이 지나는 시간이랍니다. 그런데 그 영화가 영화관에서 상영되기 위해 촬영한 기간은 무려 8개월이었어요. 너무도 안타깝지요. 8개월 동안 고생한 일의 결과가 10초 안에 결정된다니 말이에요. 그런 일은 이후에도 계속되었어요. 오디션도 많이 보고 도전도 많이 했지만 언제나 주목을 받지 못했어요. 그렇게 10년의 세월이 지난 거예요. 아무도 알아봐 주지 않는 연기자, 사람들이 잘 모르는 배우를 무명 배우라고 해요. 지환이는 무명 배우 생활을 10년 동안 견뎌야 했던 것이지요.

그러다 기회가 찾아왔어요. 바로 2011년 6월 SBS 「기적의 오디션」이라는 프로그램이었지요. 그 프로에 지환이가 참가했고 몇 번의 시험을 거쳐 최종 30명 안에 들어갈 수 있었어요. 그곳에서 지환이는 곽경택 감독을 멘토로 만나게 되었어요. 멘토란 인생에서 조언자 역할을 해 주는 사람이에요. 곽경택 감독은 영화 「친구」를 만든, 정말로 실력 있는 분이거든요. 지환이는 그 프로에서 한 달 동안 진행한 합숙에 최선을 다했고, 결국 「미운 오리 새끼」라는 영화의 조연으로 캐스팅되었어요.

그리고 내가 쓴 『미래일기』를 영화로 만든 「적」에도 출연을 확정한 상태랍니다.

그래서 나는 일찌감치 내 동생의 미래일기를 써 본 거예요.

여러분 중에도 연예인이 꿈인 사람들이 많지요? 가끔 나에게도 연예인이 되려면 어떻게 하냐고 묻는 친구들도 있어요.

나는 여러분에게 이렇게 말하고 싶어요.

"정말 그것을 하고 싶다면 간절히 원하고, 끝까지 포기하지 않고 꿈꾸면 된다고요."

왜냐하면 간절한 바람은 꼭 이루어지거든요. 자신이 세운 목표나 꿈은 헛된 공상이 아니에요. 그 꿈을 자꾸 떠올리면 생각이나 행동도 그렇게 따라가게 되어 있어요. 그것이 노력인 것이지요. 그러니까 꿈을 포기하지 않는다면 이루어지는 것은 당연한 거예요. 자신의 목표나 꿈에 대해 이야기하는 사람은 많답니다. 그러나 그 꿈을 오랫동안 간직하는 사람은 드물어요. 사람들은 흔히 자기가 쉽게 포기해 놓고서는 꿈은 이루기 어렵다고 해요.

여러분의 꿈은 무엇인가요? 꿈이 없다고 고민하는 친구는 없나요? 너무 성급하게 생각하지 말고 자신의 꿈에 대해 찬찬히 생각해 봐요. 또 꿈이 있다면 꼭 이루어질 거라는 확신을 가져 보아요.

미래일기를 쓰는 에너지는 엄청납니다.

나는 3년 전 쯤에 어른들을 위한 『조혜련의 미래일기』라는 책을 썼어요. 거기에 내 동생 조지환에 대한 이야기를 미래일기로 썼지요. 그때는 정말 아무런 결과도 내지 못하고 있는 동생을 보면서 답답한 마음에 진심을 담아서 내가 바라는 동생의 모습을 상상해서 썼어요. 지환이가 멋진 영화배우가 되는 그런 꿈을요. 3년이 지난 지금 그것이 현실이 되어 가고 있어요. 너무도 놀랍지 않나요? 저도 깜짝깜짝 놀란답니다. 말한 그대로, 생각한 그대로 다 이루어져 가는 것을 보면서 말이죠.

여러분도 자신의 꿈에 대해, 미래에 대해 멋지게 상상해서 미래일기를 써 보아요. 꼭 이루어질 거예요!

2015년 8월 7일

마음도 몸도 예쁘게 가꾸자!

서현이가 다이어트를 시작한 지도 어느덧 석 달째. 체중계에 올라서기 전에 서현이는 떨리는 마음으로 앞에 있는 거울을 들여다봤다.

제법 핼쑥해진 얼굴이 마치 '소녀시대'의 서현처럼 보였다.

서현이는 초등학교 5학년인데 키가 156센티미터에 몸무게가 63킬로그램이다.

그동안 친구들은 서현이가 지나가면 '뚱돼지, 오겹살, 여자 정형돈'이라고 놀려 댔다.

서현이는 아이들이 놀릴 때마다 집에 돌아가 엄마에게 막 짜증을 내면서 배고프니 햄버거를 사 달라고 졸랐다.

서현이 엄마도 처음에는 몰랐다고 한다. 아이가 짜증을 심하게 낸다고는 생각했지만 한창 자랄 때니 그런가 보다 하고 서현이가 조를 때마다 햄버거며 치킨 따위를 사 주었다.

그러던 어느 날, 서현이 엄마는 서현이의 일기장을 보게 되었고, 서현이가 짜증을 내는 이유를 알게 되었다.

서현이의 일기장에는 이렇게 씌어 있었다.

"난 왜 이렇게 뚱뚱할까? 왜 이렇게 못생겼을까? 그냥 아무도 없었으면 좋겠다. 친구들이 뚱돼지, 오겹살, 여자 정형돈이라고 놀릴 때마다 죽고 싶다. 내 모습을 보고 아무도 놀리지 않는 세상으로 가고 싶다. 만일 내가 죽는다면 편할까?"

서현이 엄마는 무척 놀라고 당황했다. 그동안 자기가 아이를 망쳐 놓은 것만 같은 죄책감도 들었다. 다른 아이들보다 통통해도 귀엽고 예쁜 딸이라고만 생각했는데, 학교에서 이런 놀림을 받으면서 남몰래 외모 고민을 하고 있었다니!

그다음 날 서현이는 일기장에서 엄마의 쪽지를 읽게 되었다.

"내 사랑하는 딸 서현아, 난 네가 정말로 사랑스러워! '소녀시대'

서현보다 내 눈엔 네가 더 예쁘단다. 너는 진심으로 너를 사랑하는 마음이 필요해. 멋진 너의 모습을 그려 보며 너의 건강을 위해 다이어트에 도전해 보는 게 어떻겠어? 엄마도 도울게. 넌 혼자가 아니란다."

그날부터 서현이는 엄마와 다이어트 계획을 짰다. 아침에 일어나서 동네를 두 바퀴씩 뛰고 인스턴트 음식보다는 현미밥과 채소 위주의 음식으로 바꾸었다. 물을 자주 마시고, 저녁에는 줄넘기를 500번씩 했다. 매일 저녁에 야식을 찾던 아빠도 "서현이 덕분에 건강해져야겠다"며 오이나 과일 등을 드시면서 일찍 잠을 청했다.

모두가 서현이를 도와주려고 애썼다. 서현이는 냉장고 앞에 '소녀시대' 서현의 사진을 붙여 놓고 열심히 다이어트를 했다.

다이어트에 돌입한 지 석 달째 된 오늘, 서현이는 떨리는 마음으로 체중계 앞에 선

것이다.

체중계가 52라는 숫자에서 멈췄다.

서현이는 뛸 듯이 기뻤다. 이제 서현이의 자신감은 '소녀시대' 서현을 넘어설 정도이다. 햄버거 가게를 지날 때도 눈을 꼭 감고 쳐다보지도 않는다.

> 비만은 특히 조심해야 해요.
> 사람의 몸은 어릴 적에 형성되어 평생 가는데,
> 어렸을 때 자신의 몸의 세포가 커지면 어른이 되어서도
> 살이 찌기 쉬운 체질이 된다고 해요.

어린이 여러분, 피자, 햄버거, 치킨 같은 음식 좋아하지요? 그런데 이런 얘기도 들어 봤을 거예요. 햄버거, 피자 같은 패스트푸드를 많이 먹으면 영양과다로 비만이 된다고요. 실제로 이런 음식들을 많이 먹어 성인병에 시달리는 친구들도 있어요.

비만은 특히 조심해야 해요. 사람의 몸은 어릴 적에 형성되어 평생 가는데, 어렸을 때 자신의 몸의 세포가 커지면 어른이 되어서도 살이 찌기 쉬운 체질이 된다고 해요. 그러니까 여러분도 건강하고 날씬한 몸을 위해서 지금부터 먹는 것과 양을 조절해 가면서 좋은 습관을 기르는 게 좋겠어요.

특히 나쁜 것은 스트레스를 받거나 화가 나면 먹는 걸로 푸는 습관이에요. 나도 어렸을 때 그랬어요. 뭔가 불만이 있으면 배가 고프지 않는데도 밥을 더 먹고 과자를 입에 달고 살았어요. 그러다 보니 고등학생 때 몸무게가 68킬로그램이나 나갔어요. 어렸을 때는 별명도 '곰'이었어요. 몸은 점점 무거워지고 사람들을 만나도 자신감이 떨어져 당당하지 못했어요.

어느 날 날씬한 저의 언니가 예쁜 원피스를 선물받아, 온 식구들에게 자랑을 하고 있었어요. 나는 감히 팔조차 넣을 수 없는 그런 크기였죠. 그런데 너무도 입고 싶어서 밤중에 몰래 일어나 언니의 옷을 입어 보다가 '북' 하고 그만 언니의 원피스를 찢고 말았어요. 언니는 울고불고 난리였지요. 그래도 화가 풀리지 않자 언니는 내 등짝을 아프게 때리면서 이렇게 쏘아붙였어요.

"곰 같은 계집애, 너는 평생 펑퍼짐한 추리닝만 입고 살 거다. 내 옷은 건드릴 생각도 하지 마!"

어린 나에게는 어마어마한 충격이었어요. 그래서 결심했지요. '다이어트를 해서 꼭 건강한 몸매를 만들고 말리라! 예쁜 원피스도 입고, 언니가 날 비웃지 못하게 하리라!' 하고 말이에요. 그 후로는

군것질하는 것을 굉장히 조심했어요. 학교도 매일 한 시간씩 걸어 다녔죠. 그렇게 1년이 지나자 저는 아주 건강한 모습을 찾을 수 있었지요.

지금은 어른이지만 그때의 기억 때문에 과자, 초콜릿, 아이스크림, 케이크 같은 것은 입에도 대지 않아요. 물론 날씬하게 산다는 것은 외모 면에서도 좋겠지만 무엇보다 건강을 위해서 아주 중요하답니다.

자, 여러분! 오늘부터 현미 음식과 맛있는 나물 반찬에 흠뻑 빠져보는 것은 어떨까요? 방 안에 틀어박혀 TV만 보고 있을 게 아니라 귀여운 강아지와 동네 한 바퀴 산책하기! 벌써부터 마음이 상쾌해지지 않나요?

2018년 7월 4일

윔블던 우승

윔블던 대회에서 대한민국 박민진 선수 우승!

드디어 오늘 내가 5살 때부터 마음속에 간직해 오던 꿈을 이루었다.

사실 우승컵을 쥐고 있는 지금 이 순간에도 내가 우승했다는 것이 믿기지 않는다.

한 줄기의 눈물이 흘러내린다.

이 눈물은 윔블던 대회 우승이라는 결과보다 오늘이 있기까지 그동안 흘렸던 땀방울과 노력의 순간들이 떠올라서였다.

때로는 힘들어서 포기하고 싶었고, 때로는 나에게 힘든 테니스를 시킨 아빠가 원망스럽기도 했다.

하지만 난 이겨 냈고 오늘 우승한 것이다. 정말 기쁘다!
오늘 결승전에는 우리 가족은 물론이고 예전 SBS의 「붕어빵」
식구들도 모두 와 주었다. 이경규 아저씨, 김국진 아저씨, 김구라
아저씨, 조혜련 이모 등 그 당시 함께 출연했던
분들이 우승 순간을 함께했다.
먼 곳까지 와서 나를 응원해 준 「붕어빵」
식구들에게 정말 감사하다는 말을 전하고 싶다.
우리 가족과 「붕어빵」 식구들, 교민들의 응원
덕에 마지막까지 힘을 낼 수 있었다.
우승이 확정된 직후 아빠와 엄마, 민서,
민하와 얼싸안았다. 평소에 눈물을
보이는 적이 없는 아빠의 눈에도 눈물이 고였다.
오늘은 내 인생에서 최고로 행복한 날이다.^^

★ 아나운서 박찬민의 딸 민진이 쓴 미래일기

2018년 7월 5일

꿈과 희망의 주인공을 그리다

스티븐 스필버그 아저씨를 만나게 되다니!
이게 꿈일까, 현실일까? 어려서부터 내 꿈은 만화가였다.
훌륭한 만화가가 되어 스필버그 아저씨처럼 사람들에게 꿈과
희망을 줄 수 있는 사람이 되고 싶었다. 그리고 내가 만화가가
된다면 아저씨를 실제로 만나고 싶었다.
그것이 오늘 실현된 것이다. 스티븐 스필버그의 생애를 기념하여
쓴 자서전이 전 세계에 동시 출간되었고, 오늘 그 사인회가 있는
날이다. 미국에 이어 두 번째로 한국에서 사인회가 열리게 된 것은
한국 관객들의 열렬한 요청에 의해서였다. 헐리우드의 유명한

감독인 스필버그 아저씨는 외로운 어린 시절을 보냈지만 외로움이 오히려 아저씨의 꿈을 키우는 데 큰 역할을 했다고 한다. 어린 시절, 아저씨는 너무 외로워 자신의 마음속에 수많은 상상의 친구들을 만들어냈다고 한다. 바로 꿈과 사랑, 환상과 동화에 대한 생각들이었다. 나는 아저씨처럼 외로운 어린 시절을 보내지는 않았지만 그런 친구들을 책에서 많이 만났다. 책에서 만난 내 친구들이 이제 내 만화의 주인공으로 다시 태어나고 있다. 아직 나는 대학도 가야 하고, 해야 할 공부가 많이 남아 있다. 그래도 내 꿈은 만화가이다. 훌륭한 만화가가 되어 오랜 시간이 흘러도, 사람들에게 영원한 꿈과 희망을 줄 수 있는 만화를 세상에 내놓고 싶다.

★ 연기자 정은표의 아들 지웅이 쓴 미래일기

2021년 3월 20일

국민 개그맨이 되다

오늘은 「스타 주니어쇼 붕어빵」이 800회를 맞는 날이다.
오늘이 내게 특별한 이유는 게스트로 출연했던 내가 정식 사회자가 되었다는 것이다.
13년 전 이 프로의 100회 특집에서 이경규 아저씨는 "1000회까지 우리가 하고 사회자 자리를 동현이에게 물려주겠다"고 말했다. 그런데

1000회가 아닌 800회에 내가 사회를 맡게 되었다.

아빠가 방송인이라 아빠와 함께 텔레비전에 출연하다 보니 나도 자연스럽게 연예계에 입문했지만 내 꿈은 항상 개그맨이었다. 그 계기가 되었던 것이 「붕어빵」 출연이었다. 처음 출연했을 당시에는 어려서 잘 몰랐지만 내 말 한 마디에 사람들이 웃고 행복해 하는 모습을 보면서 점차 개그맨이라는 꿈을 키우게 되지 않았나 싶다.

"사람을 웃기는 재능이 있다는 건 복 받은 거야!"

아빠는 툭하면 이 말씀을 하시면서 특히 책을 많이 읽고 뉴스를 열심히 시청하라고 했다. 그래야 현실감각이 익혀진다고 했다.

내 직업의 장점은 행복 바이러스를 널리 전파할 수 있다는 것이다. 행복을 나눠주는 직업이야 많겠지만 개그맨이 유행시키는 말만큼 빠르게 퍼지는 것도 없는 것 같다.

내 꿈을 키워 온 프로그램인 만큼 누구보다 열심히, 또 최선을 다해 이 프로를 준비해 나갈 것이다. 그리고 이 프로를 1만 회까지 끌고 가고 싶다.

★ 개그맨 김구라의 아들 동현이 쓴 미래일기

자신이 무엇이 되고 싶은지 메모지에 한번 써 보아요.
그리고 그 꿈을 상상하고 계획하고
마치 그것이 이루어진 것처럼 행동해 봐요.
정말 신나는 미래가 펼쳐질 거예요.

　민진이, 동현이, 지웅이는 「붕어빵」에 함께 출연하고 있는 친구들이에요. 그럼 민진이부터 소개할까요?

　민진이는 초등학교 3학년 친구예요. 박찬민 아나운서의 장녀이기도 한 민진이는 늘 입버릇처럼 세계적인 테니스 선수가 되겠다고 해요. 아직 어리지만 민진이의 눈빛에는 벌써 윔블던 대회에서 우승컵을 안은 모습이 보인답니다.

　제가 한번은 민진이에게 이렇게 물었어요.

　"너는 왜 테니스로 성공하고 싶니?"

　그랬더니 민진이는 이렇게 대답했지요.

"아빠가 어렸을 때부터 정말로 하고 싶었던 것이 테니스 선수였대요. 그런데 그 꿈을 이루지 못하고 항상 아쉬워하세요. 그 모습을 보면서 제가 대신 이루고 싶었어요."

민진이는 수업이 끝나면 매일같이 하루에 7시간 이상씩 테니스 연습을 한답니다. 자신의 꿈을 이루기 위해 도전하는 데는 나이도 상관없는 것 같아요. 그리고 그 꿈을 꾸고 있기 때문에 하루하루가 설레는 것이지요. 지금 여러분도 자신이 무엇이 되고 싶은지 메모지에 한번 써 보아요. 그 꿈이 이루어지든 이루어지지 않든 그날을 위해 달려가는 우리의 미래는 항상 기대에 부풀어 살게 된답니다.

참, 민진이와 민진이 아빠가 대단한 점이 있어요. 이미 꿈을 이룬 것처럼 마음을 먹는다는 거죠. 그래서 얼마 전에는 윔블던이 열리는 영국에도 미리 가 보았다고 해요. 거기에서 자신이 앉을 자리, 경기를 할 자리를 확인까지 했다는군요.

정말 정성이 대단하지요? 마치 된 것처럼 마음을 먹는 것! 이 에너지는 정말 엄청난 것이랍니다.

미국의 유명한 영화배우 짐 캐리는 뉴욕의 가난한 연극배우였어요. 그런데 짐 캐리는 늘 속으로 '난 세계적인 영화배우가 될 거다.

1994년 추수 감사절에 나는 영화로 1천만 달러를 받을 것이다.' 하고 생각했죠. 그리고 열심히 연극을 하며 꿈을 키웠어요. 자신의 생각을 친구들에게 말했을 때 친구들은 모두 비웃었어요. 하지만 짐 캐리는 흔들리지 않았어요. 그리고 정말 거짓말같이 1994년 추수 감사절에 영화「마스크」로 1천만 달러를 받게 돼요. 그후로는 세계적인 영화배우가 되있죠.

'말이 씨가 된다', '마

음 먹은 대로 움직인다' 라는 말이 있는데 그것은 모두 진실이에요.

동현이는 개그맨 김구라 아저씨의 아들로 중학생이에요. 말을 어찌나 잘하는지 김구라 아저씨가 쩔쩔 맬 때도 많답니다. 그게 다 뉴스를 열심히 봐서라는군요.

동현이는 커서 개그맨이 될 거라고 말하고는 해요. 내 생각에 아주 유명한, 아빠보다 더 뛰어난 개그맨이 될 거 같아요. 어려서부터 끼가 철철 넘치니까요.

마지막으로 지웅이를 소개합니다. 지웅이는 아직 초등학교도 들어가지 않은 어린 친구이지만 자신의 꿈을 당당하게 말해요. 얼마 전에는 아이큐 검사에서 영재 판정을 받기도 했지요. 지웅이가 멋진 만화가가 되어, 비록 분야는 달라도 스티븐 스필버그 감독처럼 사람들의 마음속에 잊혀지지 않는 작품을 많이 만들어 주면 좋겠어요. 나도 우리 친구들의 꿈이 꼭 이루어지도록 열심히 응원할게요.

나는 얼마 전에 중국어 공부를 위해 중국 베이징대학에 다녀왔어요. 앞으로 그곳에서 공부할지도 모른다는 생각에 미리 가 본 거죠. 그곳에서 나는 우연히 우리나라 유학생들과 인생에 대해 이야기할 시간을 갖게 되었는데 정말 좋았어요.

왜냐고요? 나도 해낼 수 있다는 느낌을 팍팍 받았거든요. 여러분도 자신이 입학하고 싶은 대학에 미리 한번 가 보는 건 어떨까요? 그곳의 캠퍼스를 거닌다든지 그 학교에 다니는 선배들과 이야기를 나눠 보는 것도 좋은 느낌을 줄 것 같은데요. 자신이 다닐 회사도 미리 가 보는 것도 좋겠네요. 삼성? 애플? MBC 방송국? 어떤 곳이든 말이죠. 대통령이 되고 싶은 사람은 청와대에 가 보는 것도 좋겠고요.

여러분은 지금 풋, 하고 웃을지 모르지만 이런 행동들은 정말로 대단한 힘을 발휘한답니다.

여러분도 자신의 꿈을 그려 보고 마치 그것이 이루어진 것처럼 행동해 봐요. 정말 신나는 미래가 펼쳐질 거예요.

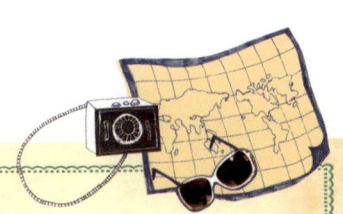

장래희망이 없다고요?
그러면 지금부터 미래에 자신이 원하는 직업에 대해 자주 떠올려 봐요. 어떤 삶을 살고 싶은지, 잘하는 것이 무엇인지, 내가 가장 행복한 때가 언제인지 말이에요.
꿈을 찾는 가장 쉬운 방법이에요.
하루에 열 번씩 생각해요. 잠자리에 들면서도 생각해요!

2020년 10월 29일

외국어 정복왕

오늘은 지난번에 치른 프랑스어 자격 시험 발표일이다. 이 시험에 통과하면 나는 드디어 한국어 포함 6개 국어를 마스터하는 것이다. 일본어, 중국어, 영어, 스페인어, 프랑스어!
10년 전 처음 일본어를 배우면서 나는 외국어 공부가 굉장히 흥미롭다는 걸 깨닫게 되었다. 사실 학교 다닐 때 배운 영어와 일본어는 그저 공부라고만 생각해서였는지 늘 지겹기만 했다.
그런데 어른이 되어 막상 필요에 의해 일본어 공부를 해 보니 단어 하나, 문장 하나가 새로웠다. 내 입에서 일본어가 나온다는 사실과 내가 한 말을 일본 사람이 알아듣는다는 것, 그리고 그 언어가

매개가 되어 의사소통이 된다는 것에 흥분을 감출 수 없었다. 그런 즐거움 때문에 다시 중국어에 도전하게 되었고, 영어와 스페인어를 거쳐 이제 프랑스어까지 공부하게 된 것이다.
결과가 나왔다. 당당히 합격이다!
물론 시험이 중요한 건 아니지만 그걸 계기로 이만큼 열심히 달려왔다. 다음 달부터는 프랑스에서 방송을 하기로 계약이 되었다. 정말로 기쁘다.
내 나이 올해 쉰이지만 나의 열정, 도전의 나이는 이제 갓 스무 살을 넘긴 사람 같다. 그래서 그런지 얼굴도 훨씬 젊다고 가수 비가 칭찬해 주었다.
이제 또 나는 무슨 목표를 향해 멋지게 달려갈까? 가슴이 두근두근!

무언가에 도전해서 그것을 이루었을 때의 만족감은
뭐라고 표현할 수 없는 기쁨이에요.
그 기쁨은 본인이 아니면 아무도 느낄 수 없고,
또 대신 느껴줄 수도 없는 것이랍니다.

어린이 여러분! 나는 몇 년 전 일본 방송에 출연하기 위해 일본어를 공부했어요. 매일 세 시간 이상씩 공부에 매달렸고 2년 정도가 지나자 일본어에 자신감이 생겼지요. 그러고는 일본에서 방송 활동을 할 수 있었어요.

그 뒤 나는 다시 중국어에 도전했지요. 일본어를 공부하면서 얻은 자신감과 경험을 최대한 살려 2010년 4월 13일부터 1년 2개월 동안 매일 세 시간씩을 중국어 공부에 투자했지요. 그래서 얼마 전 중국어 국가고시 HSK 5급 합격증을 받게 되었답니다.

매우 기뻤어요. 시간과 노력만 있다면 전 세계의 언어를 배울 수 있겠구나 하는 생각까지 들었죠.

　이렇게 언어를 공부하다 보니 뭐라도 할 수 있을 것 같은 용기도 생기고 무엇보다 매우 재밌고 신이 났어요.

　내가 이번에 쓴 미래일기는 쉰 살이 될 때까지 한국어를 포함해서 총 6개 국어를 마스터하는 것이에요.

　사실 여러분도 학교나 학원에서 영어나 다른 언어들을 배우고 있지요? 하지만 정말 신이 나서 외국어를 공부하는 친구들은 별로 없을 거예요.

　'어휴, 이 지겨운 영어!' 하면서 입을 쭉 내밀고 억지로 하고 있지는 않나요? '영어 없는 세상에서 살고 싶다'고 노래를 부르고 있지는 않나요?

　안 봐도 뻔해요. 나 역시 그랬으니까요.

　하지만 곰곰이 생각해 보세요. 세계는 이제 지구촌이라 불리고 있어요. 전 세계가 하나의 마을이고 다른 나라는 우리의 이웃인 셈이에요.

　이웃집에 놀러 가서 꿀 먹은 벙어리처럼 한 마디도 안 할 거예요? 옆집으로 이사 온 친구가 있다고 생각해 봐요. 처음엔 서먹서

먹해서 말도 제대로 안 나오고 인사도 안 하지요.

하지만 시간이 지나 얼굴이 익숙해지면 이름도 물어보고, 그전에는 어디에서 살았는지, 무엇을 좋아하는지, 꿈이 무엇인지에 대해서도 물어보잖아요.

마찬가지로 이제 점점 외국인들을 만날 기회가 많아지고, 다른 나라를 방문할 일도 많아진답니다. 그리고 여러분 자신이 다른 나라에 가서 직업을 가지거나 살 기회도 많아져요.

그렇지 않더라도 외국 친구를 사귀면 근사할 거 같아요. 우리가 생활하는 문화와는 다르니까 더 신나고 다양한 것을 많이 배우고 경험할 수 있잖아요.

이 모든 것을 가능하게 하는 것이 외국어랍니다. 그러니 지겹다, 지겹다, 하지 말고 줄넘기를 배우고 자전거를 배우는 것처럼 차근차근 도전해 봐요.

나는 어른이 되어 그런 필요성을 느끼고 도전했지만 사실 어린

시절에 외국어를 열심히 공부했더라면 좀 더 근사한 일들을 더 많이 해 볼 수 있지 않았을까 생각할 때가 있거든요.

쉿! 그리고 이건 여러분에게만 알려 주는 비밀인데요, 다른 언어를 하나 해내게 되면 그다음 언어를 배우는 것은 정말로 쉽게 할 수가 있답니다.

거짓말이라고요? 아니에요. 직접 해 보면 느낄 수 있어요. 우리 내기할까요? 여러분은 저보다 더 똑똑하니까 지금부터 도전하면 15개 국어는 할 수 있을 거예요.

요즘은 배우려고 마음만 먹으면 컴퓨터든 학원이든 책이든 자료는 엄청나게 많아요. 중요한 건 서두르지 말고 매일 한두 시간씩 도전을 해 보는 거예요. 하루에 한두 시간은 별거 아니지만 여러분이 대학생이 되고 어른이 되었을 때를 계산해 보면 엄청난 양이지요. 그렇게 노력한 시간만큼 여러분은 언어라는 든든한 무기를 지니게 되는 것이기도 해요.

무언가에 도전해서 그것을 이루었을 때의 만족감은 뭐라고 표현할 수 없는 기쁨이에요. 그 기쁨은 본인이 아니면 아무도 느낄 수 없고, 또 대신 느껴 줄 수도 없는 것이랍니다.

내가 조금 더 빨리 이것을 알았더라면 하는 생각은 버리고, 항상 지금도 늦지 않았다고 생각하는 습관을 길러요.

'늦었다고 생각할 때가 가장 빠르다'는 말처럼 여러분이 공부하는 습관을 스스로 기르고 언어에 도전한다면 세계 최고가 될 수 있을 거예요.

파이팅!

목표는 아주 구체적으로 세우는 게 좋아요. 그래야 실천 방법도 정확해집니다. 가장 좋은 방법은 수치화시키는 것이에요. '나는 영어를 잘할 거야!'라는 목표보다 '나는 영어를 잘하기 위해 하루에 한 시간을 투자해 영어 단어 30개씩을 외울 거야!' 하고 계획하는 것이지요.

2012년 12월 8일

엄마의 생일

오늘은 엄마의 서른일곱 번째 생일이다.
나는 엄마가 깜짝 놀랄 만한 선물을 준비하기 위해 고민을 많이 했다. 세상에서 단 하나뿐인 선물을 드리고 싶었다.
눈치 없는 엄마는 며칠 전부터 나를 졸졸 따라다니면서 무슨 선물을 줄 거냐고 물었다. 칫, 궁금한 것도 많아!
드디어 생일 잔치가 시작되었다.
아빠도 오늘은 7시 정각에 집에 도착했다.
아빠와 엄마, 나, 정은이, 이렇게 넷이 식탁에 둘러앉아 케익에 초를 꽂고 촛불을 켰다.

"생일 축하합니다~ 사랑하는 우리 엄마, 생일 축하합니다~"
아빠는 겨울 스카프를, 정은이는 머리핀을 선물로 내놓았다. 나는 일어나서 피아노 앞으로 갔다. 엄마가 가장 좋아하는 곡이 베토벤의 「월광 소나타」이다. 그 곡을 연주하기 위해 나는 3개월 전부터 학원에 남아 피나는 연습을 했다. 사실 내 피아노 실력으로 「월광 소나타」를 치기에는 어림도 없다.
그래도 나는 엄마의 생일 선물로 꼭 그 곡을 연주하고 싶었다.
"우와, 우리 딸, 정말 대단해! 난 세상에서 가장 행복한 엄마야!"
엄마의 눈에 눈물이 그렁그렁 맺혔다.
아빠와 정은이도 내 연주 실력에 감동을 받았는지 박수를 치면서 좋아했다.
그동안 악보를 외우느라 고생했던 일,
또 손가락이 마비될 듯이 아파 그만둘까
생각했던 일들이 한꺼번에 머릿속에 떠올랐다.
정말 뿌듯하고 기분 좋은 날이다.

목표란 내가 앞으로 이루고 싶은 어떤 결심 같은 거예요.
그 결심이 모이고 모여 꿈이 되고, 큰 목표가 되는 것이지요.
무엇을 이루고 싶다는 미래 목표도 중요하지만,
생활을 하면서 이룰 수 있는 작은 목표도 굉장히 필요하답니다.

여러분은 엄마 생일에 어떤 선물을 준비하나요?

나는 하은이가 정말 대단한 것 같아요. 엄마 생일에 「월광 소나타」를 연주하기 위해 3개월 동안 혼자서 몰래 연습했다니 말이에요. 피아노 학원에 다녀 본 친구들이 많지요? 그렇다면 자기 진도에 맞지 않는 곡을 연주하는 게 얼마나 어려운 일인지도 알 거예요. 손가락도 마음대로 잘 안 움직이고, 또 악보 보는 것도 힘들지요. 하지만 하은이는 해냈어요. 손가락이 얼마나 아팠을까요? 그래도 좋아할 엄마를 떠올리며 참았겠지요. 하은이가 내 딸은 아니지만 하은이의 예쁜 마음씨가 내게도 전해오는 거 같아 괜히 코끝이 찡

해 오네요.

여러분, 목표란 앞으로 살아가면서 내가 꼭 되고 싶은 사람이나 이루고 싶은 꿈이 아닐 수도 있어요. 당장 내일에 내가 이루고 싶은 것이나 다음 달에 이루고 싶은 일도 많잖아요.

엄마가 깨우지 않아도 일찍 일어나겠다는 결심도 있고, 다음 기말 시험에서 평균 85점을 받겠다는 목표도 있지요. 방 정리는 내 손으로 하겠다는 목표도 있고, 게임은 하루에 한 시간만 하겠다는 목표도 있을 수 있어요.

우리 친구들도 생활하면서 이런 목표를 많이 세울 거예요. 이렇게 세운 목표를 이루기 위해 노력도 많이 할 거고요. 또 이런 목표를 이루었을 때는 정말 날아갈 듯 기분이 좋지요?

목표란 내가 앞으로 이루고 싶은 어떤 결심 같은 거예요. 그 결심이 모이고 모여 꿈이 되고, 큰 목표가 되는 것이지요. 작은 꿈이 없으면 큰 꿈도 없을 거예요.

여러분, 커서 무엇이 되겠다, 무엇을 이루고 싶다는 미래 목표도 중요하지만, 생활을 하면서 이룰 수 있는 작은 목표도 굉장히 필요하답니다. 그러니 작은 목표도 여럿 세워 보아요. 또 그것을 이루기 위해 힘껏 노력해 보아요. 그 일을 미래일기에 적어 보는 거예요. 매일매일 신기한 일들이 일어날 거예요.

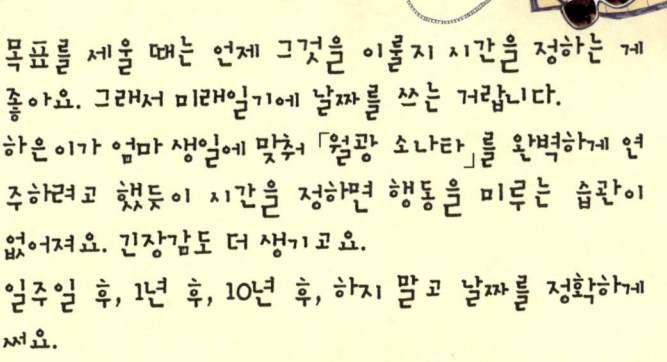

목표를 세울 때는 언제 그것을 이룰지 시간을 정하는 게 좋아요. 그래서 미래일기에 날짜를 쓰는 거랍니다.
하은이가 엄마 생일에 맞추어 「월광 소나타」를 완벽하게 연주하려고 했듯이 시간을 정하면 행동을 미루는 습관이 없어져요. 긴장감도 더 생기고요.
일주일 후, 1년 후, 10년 후, 하지 말고 날짜를 정확하게 써요.

나를 사랑하기

이 우주에 당신이라는 사람은 단 한 명이에요. 아무리 좋은 일이 있더라도 이 세상에 내가 존재하지 않는다면 아무런 소용이 없지요. 그런데 어쩌면 자신을 가장 소중히 여기지 않는 사람이 바로 자기 자신인지도 몰라요. 우리는 '내가 어떻게 그걸 하겠어' 하고 자기 자신의 가능성을 믿지 못하거나 무시하곤 하니까요. 하지만 앞으로는 자신을 소중히 여기고 자기 자신을 응원하는 사람이 되기로 해요!

2018년 2월 28일

가슴 뛰는 일에 열중하라!

동계 올림픽이 한창인 대한민국 평창. 오늘 드디어 제2의 김연아가 탄생하는 순간이다.
지난해 세계 피겨 스케이팅 선수권 대회에서 세계 랭킹 4위를 기록했던 최나리 선수는 올 동계 올림픽에서 가장 손꼽히는 금메달 우승 후보였다.
게다가 어제 쇼트 프로그램에서 이미 최고점을 받았기 때문에 오늘 프리 스케이팅에서 결정적 실수만 하지 않는다면 금메달을 목에 걸게 된다.
드디어 최나리 선수의 순서가 시작됐다.

경기장을 직접 찾은 관람객뿐만 아니라 TV 앞에 온 국민이 숨을
죽인 채 최나리 선수의 일거수일투족을 지켜보았다.
선수로서 이런 관심과 기대를 받는다는 게 한편으로는 기쁘기도
하겠지만 굉장히 부담스러울 것이다.
아직 나이 어린 소녀의 입장에서 보면 기대는 더더욱 부담으로
작용하기 마련이다.
그러나 최나리 선수는 그런 부담감을 이겨
내고 김연아 선수의 뒤를 이어 정말
우아하고 아름답게 자신의 기량을
마음껏 펼치고 있다.
나리의 공연이 끝나고 경기장 안의 모든
사람들이 약속이나 한 듯 벌떡
일어나 박수를 쳤다.
무척 감동적인 무대였다.
피겨 스케이팅 금메달의 영예를 안은
최나리 선수는 애국가가 울려
퍼지는 스타디움에서 왼쪽

가슴에 손을 올리고 뜨거운 눈물을 흘리고 있다.

그걸 지켜보는 우리 역시 최나리 선수와 함께 울었다.

정말 감동의 드라마다.

최나리!

그녀는 9년 전 김연아 선수를 보면서 피겨 스케이팅을 하고 싶다는 생각을 했다고 한다.

그리고 자신의 미래일기에 '2018년 동계 올림픽에서 나 최나리는 꼭 금메달을 딸 것이다. 꼭!'이라고 썼다고 한다.

사실 부모님은 나리가 피겨 스케이팅 선수가 되기보다는 열심히 공부해서 변호사가 되기를 원했다. 하지만 나리의 확고한 꿈을 듣고는 포기할 수밖에 없었단다.

나리 역시 부모님을 실망시키고 싶지 않아 공부도 열심히 하면서 피나는 훈련을 했다.

친구들과 노는 시간도 없이 매일 스케이트장에서 살다시피 했다.

발에 물집이 생기고 굳은살이 박히고 발톱이 빠지는 고통을 수없이 반복했다.

빙판이 추워서 항상 코감기를 달고 살았지만 나리는 미래의 자신을 그려 보며 숱한 어려움을 이겨 내었다.

그렇게 자신이 좋아하는 일을 끝까지 도전한 나리는 오늘 세계에서 가장 행복한 선수가 되었다~!

지금부터 자신이 무엇을 할 때 가장 신나고 즐겁고 행복한지 생각하는 시간을 가져 보면 어떨까요? 아마 여러분 중에 빅뱅의 탑, 김연아 선수, 빌 게이츠 같은 멋지고 훌륭한 사람이 나올 수도 있으니까요.

최나리 같은 생각을 하는 어린이들이 정말로 많을 거예요.

김연아 선수를 보면서 피겨 스케이팅을 하고 싶고, 2NE1을 보면서 멋진 아이돌 가수를 꿈꾸는 친구도 있을 테고요.

인생 선배로서 내가 여러분에게 꼭 들려주고 싶은 이야기는 그냥 멋지니까, 부러우니까 하고 싶은 게 아니라 그 일을 하지 않고는 견딜 수 없다는 생각이 드는 일이 있다면 꼭 그 일을 하라는 거예요.

우리 친구들은 아직 어려서 가슴이 뛰는 일, 가슴 설레는 일, 나를 잠 못 들게 할 만큼 좋은 일이 어쩌면 아직 없을 수도 있어요. 하지만 지금부터라도 하나하나 생각해 보고 만들어 나간다면 반드시 자신이 가장 잘하고 행복해지는 일을 찾을 수 있을 거예요.

'학생은 공부를 잘해야 한다.' '행복은 성적순이다' 라는 말도 있지만 인생을 살아 보니 그것만이 정답은 아니더라고요.

사실 세계에서 가장 공부를 열심히 하는 나라가 대한민국일 정도로 우리나라 학생들은 좋은 대학, 좋은 회사에 들어가기 위해 경쟁적으로 공부를 하지요? 부모님들 역시 집안 형편이 아무리 어려워도 학비만큼은 아까워하시지 않지요.

그러면서 꼭 이렇게 말씀하시죠.

"공부 잘해서 남 주는 거 아니다. 다 너 잘되라고 하는 거니까 딴생각 말고 공부 열심히 해서 좋은 대학 들어가! 대학 못 가면 어디 가서 사람 구실도 못한다."

아마 여러분들이 질리도록 들어온 말일지도 몰라요.

물론 어떤 면에서는 정말 맞는 말이에요. 학생의 본분은 열심히 공부를 하는 것이니까요.

나도 부모로서 충분히 공감해요.

그런데 몇 달 전 나는 엘리베이터에서 같은 아파트에 사는 이삭이라는 아이를 만나고는 그만 충격을 받았어요. 이삭이는 초등학교

3학년이에요.

그때가 밤 10시 무렵이었는데 엘리베이터를 함께 탄 이삭이는 마치 고등학교 3학년같이 지친 표정으로 무거운 가방을 짊어지고 초점 없는 눈으로 나에게 인사를 했어요.

그래서 내가 이삭이에게 어디가 아프냐고 물었더니 글쎄 이렇게 대답하는 게 아니겠어요.

"아뇨. 너무 힘들어서 그래요. 학교 다니면서 학원을 6개 다니고 또 집에 가서 숙제도 해야 해요. 영어 숙제랑 수학 숙제요. 아, 자고 싶은데 시간이 없어요……."

그래서 이삭이에게 '너는 어떻게 살고 싶니?'라고 다시 물었어요.

"저는요, 박지성 선수처럼 세계적인 축구 선수가 되고 싶어요. 아줌마, 저 진짜 공 잘 차요. 코치님도 그러셨어요. 너는 뛰어난 선수가 될 재능이 있다고요. 그런데 공을 찰 시간이 없어요."

축구 이야기를 할 때 이삭이의 눈은 반짝반짝 빛이 났어요. 그러더니 이삭이는 다시 어두운 표정을 지으며 나에게 꾸벅 인사를 하고는 엘리베이터에서 내려 뚜벅뚜벅 힘없이 자기 집으로 걸어갔어요. 한창 뛰놀 나이에 그렇게 지쳐 있는 아이를 보니 내 마음이 너무도 아팠어요.

  그리고 얼마 후 나는 광주에서 백여 명의 중학교 1, 2학년 학생들과 대화를 나누는 시간을 가지게 되었죠.

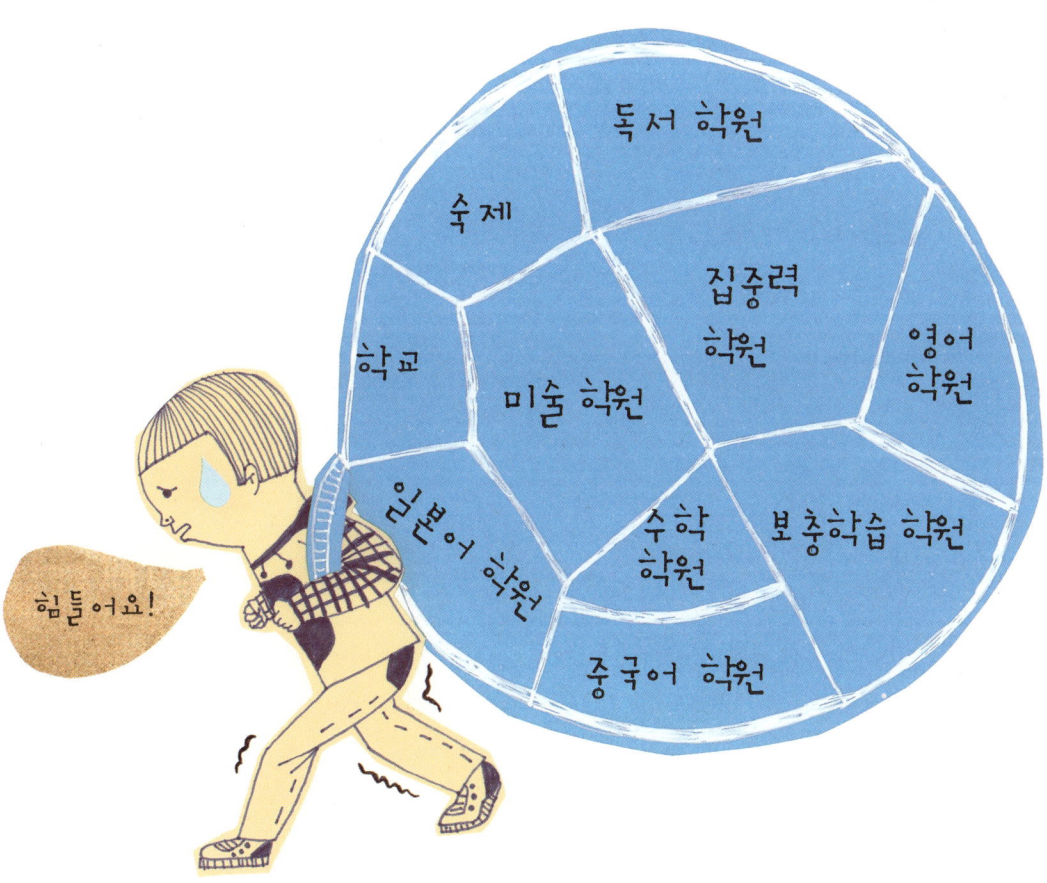

학생들을 보자 갑자기 우리 동네 이삭이가 생각나서 그 아이들에게도 한 사람 한 사람씩 각자 꿈꾸는 것들, 하고 싶은 것들에 대해 물어보기로 마음먹었어요.

아이들의 이야기를 들으면서 나는 속으로 깜짝 놀랐어요. 아무것도 모를 거라고 생각했던 그 학생들이 자신의 미래에 대해 매우 구체적으로 꿈꾸고 있는 걸 느꼈거든요.

아프리카의 어려운 사람을 돕겠다는 친구, 전 세계를 다니면서 사진을 찍고 싶다는 친구, 힙합 음악을 작곡하고 싶다는 친구 등 말이에요. 어른들은 상상도 할 수 없는 꿈들을 이야기하더라고요.

나는 어른들을 대표해서 미안한 마음이 들었어요.

우리 어른들은 아이들에게 오로지 '공부! 공부! 공부!'만을 외치며 정작 아이들의 이야기에 귀를 기울이지 않잖아요.

그렇다고 내가 여러분에게 전하려는 게 '공부는 중요하지 않으니까 안 해도 돼!' 하는 말이 아니에요.

공부는 학생이 충실히 해야 하는 것이지만 무조건 공부만 하는 게 정답은 아니라는 거예요.

지금부터 자신이 무엇을 할 때 가장 신나고 즐겁고 행복한지 생각하는 시간을 가져 보면 어떨까요?

아마 여러분 중에 빅뱅의 탑, 김연아 선수, 박지성 선수, 반기문 유엔 총장, 빌 게이츠 같은 멋지고 훌륭한 사람이 나올 수도 있으니까요.

'가슴 뛰는 일에 열중하라'는 이 소중한 메시지를 누구보다도 잘 실천한 사람이 있어요. 바로 작가이자 세계적인 구호 활동가이신 한비야 선생님이죠. 그 분이 마흔세 살에 중국에 유학 갔을 때 쓴 글을 적어 봅니다.

혼자 생각하는 시간이 많아야 한다.
친구를 사귈 때 그 친구와 보내는 시간이 많아야 하는 것처럼 자신과도 잘 사귀어야 한다.
그리고 진정으로 마음에서 우러나오는 그 일에 도전해 보는 거다.
그러면 그 길이 다른 길로, 또 다른 길로 이어져서 마침내 도달하고자 하는 목적지에 다다르게 된다.

2020년 10월 3일

세상은 넓고 할 일은 많다

아, 드디어 한국이다. 더없이 맑고 청량한 가을 하늘을 뚫고 내가 탄 비행기는 사뿐하게 인천 공항에 착륙했다. 늘 그렇듯 승객들은 승무원들에게 큰 박수를 보냈다. 나도 힘껏 박수를 쳤다. 나의 감회는 남다르다. 내가 치는 박수는 우리를 한국으로 안전하게 모셔다 준 승무원들에게 감사하다는 표현이기도 하지만 나 자신에게 그동안 수고했다는 인사이기도 하다. 나는 지금 긴 여행의 마지막 코스였던 스페인에서 돌아오는 길이다. 무사히 한국에 도착했다는 뿌듯함과 동시에 나도 모르게 갑자기 매콤한 김치찌개와 낙지볶음이 떠올라 입에 군침이 돌았다.

'어휴, 집에 왔다고 내 식성이 먼저 반응을 하는군! 야, 조혜련, 그동안 매운 거 먹고 싶어서 어떻게 참았냐? 그래, 집에 가서 당장 김치찌개나 실컷 먹자!'

머릿속에 둥둥 떠다니는 김치찌개를 생각하며 집으로 돌아오는 공항 리무진에 몸을 실었다.

이번 여행은 전 세계를 경험하기 위해서 내가 8년 전부터 꿈꾸고 계획했던 일이다.

8년 전 나는 한비야 작가가 쓴 『지구 밖으로 행군하라』라는 책을 읽었다. 한비야 작가는 27세 때부터 7년간 배낭여행으로 지구를 세 바퀴 반이나 돌았고, 그 경험을 책으로 내었다. 그 책을 읽고서 나도 세계 여행을 하고 싶다는 생각을 품게 되었다. 그렇다고 한비야 작가처럼 7년을 돌아다닐 수는 없고, 딱 1년만이라는 꿈을 꾸게 되었다.

'인생을 통틀어 본다면 1년은 그리 긴 시간이 아닐지도 모른다. 그러나 연예계에서 1년이라는 공백기를 가진다면 시청자들이 조혜련이라는 사람을 아예 잊어버릴 수도 있을 것이다. 애들은 또 어쩌고? 지금은 한창 엄마 손길이 필요할 텐데……. 어떡하지?

그럼 시간을 좀 늦추지, 뭐. 지금은 방송일에 집중하고, 더 나이가 들어 아이들이 스스로 생활을 꾸려 나갈 수 있을 때 떠나는 거야. 그러면 지금부터 단단히 계획을 세워야 해! 8년 후 떠나자! 여행 기간은 1년으로 할 것!'
8년 전의 일기장에 이렇게 썼다.

오로지 지구 구석구석을 돌아보고 세상을 만나고 싶다는 마음이 간절했기에 그날 이후로 나는 여행 계획을 아주 구체적으로 세웠다. 우선 여행할 나라부터 정하고 왜 가고 싶은지 이유도 그때그때 생각날 때마다 기록했다. 여행할 나라에 대한 책을 모으고, 몇 마디쯤은 그 나라 말로 할 수 있게 틈틈이 공부했다. 각 나라의 문화를 이해하기 위해 여러 권의 책을 비교해 읽기도 했다. 또 어디에서 잠을 잘 것이며, 무엇을 먹고, 어디 어디를 구경할 것인지에 대해서도 인터넷을 뒤져 정보를 얻었다. 그렇게 해서 거미줄처럼 촘촘한 여행 코스가 정해졌다.
내가 1년 동안 다닌 곳은 러시아를 포함한 유럽과 아프리카, 미국,

브라질, 그리고 가까운 중국과 일본 등 40여 개 나라였다.
여행이 꼭 즐거운 일만은 아니다. 낯선 나라에 도착해 숙소에 짐을 풀기까지는 늘 긴장되고 고단하다. 여행객이 많지 않은 작은 마을에서는 영어도 통하지 않아 어려움을 겪을 때도 있고, 어떤 곳은 음식이 입에 맞지 않아 하루 종일 배를 쫄쫄 굶고 다녀야 할 때도 있다. 톨스토이의 고향인 러시아의 야스나야 뽈랴나에서는 들개들이 하도 돌아다녀서 무서움에 떨기도 했다. 케냐에서는 호텔방에 뜨거운 물이 안 나와 한겨울에 차가운 물로 오들오들 떨면서 샤워를 하기도 했다. 이탈리아에서는 대합실에서 지갑을 소매치기 당했다.

그러나 운이 안 좋은 일을 백 가지 당한다 하더라도 즐거운 일이 하나라도 일어난다면 나는 기꺼이 여행자가 되어 길을 나설 것이다.

이번 여행으로 나는 세상이 매우 넓다는 것을 알게 되었고 또 여러 사람들을 만나면서 내가 얼마나 행복한 사람인가도 깨닫게 되었다. 감사하다.

더욱 기쁜 것은 이제 친한 친구들이 전 세계에 엄청 많이 생겼다는 것이다. 이제 어디를 가도 조혜련의 친구가 있다. 바야흐로 글로벌 시대에 글로벌 우정을 쌓게 된 것이다. 브라질의 톨리타, 모스크바의 소냐, 스페인의 안톤, 케냐의 마르, 중국의 장웨인, 모두 내게는 소중한 친구들이다.

이제 나는 다시 내 일상으로 돌아가 일을 해야 하지만 엄청난 좋은 에너지를 가지고 살아갈 수 있을 것이다.

그리고 2030년 난 다시 2년이라는 기간의 세계 여행을 오늘부터 계획하고 싶다. 그때는 지구뿐만이 아니라 우주 구석구석도 가 볼 수 있지 않을까?

난 진정으로 자유롭고 행복한 사람이다.

마음을 넓게 가지면 앞으로 살아갈 인생의 그림도 커질 거예요.
대한민국에서 무슨 일을 할지 계획하기보다
세계에서 어떤 일을 할지 꿈을 꿔 봐요.
나는 우리 친구들이 세계를 마음껏 다니는 사람이 되기를 응원하겠어요.

내가 '미래일기'를 쓰게 된 계기는 한비야 작가를 알고부터예요. 한비야 작가는 국제 구호 활동가로, 전 세계의 굶주린 사람들을 헌신적으로 돌보는 아주 멋진 사람이랍니다. 2011년 현재 그녀의 나이는 54세. 『지구 밖으로 행군하라』는 그녀가 27세 때부터 배낭 하나 짊어지고 7년 동안 지구를 세 바퀴 반이나 돌면서 느낀 경험을 쓴 책이에요. 여러분 중에도 그 책을 읽고 세계 여행을 꿈꾸게 된 친구가 있을 거예요. 나 역시 그 책을 읽고 큰 감동을 받아 한비야 작가처럼 생생하게 여행의 기쁨을 누려 보고 싶다는 꿈을 꾸게 되었지요.

한비야 작가가 그렇게 세상에 눈을 뜨게 된 계기는 아버지 덕분이라고 해요. 한비야 작가의 아버지는 그녀가 아주 어렸을 때부터 벽에 늘 세계 지도를 붙여 놓고 세상은 아주 넓고 너는 세계를 다니는 아이가 되라는 이야기를 계속 들려주었다고 해요.

'자식에게 만 권의 책을 사 주는 것보다 만 리의 여행을 시키는 것이 더 유익하다' 는 중국 속담이 있다고 하던데 한비야 작가의 아버지는 정말 지혜로운 분이셨나 봐요.

12년 전쯤에 나는 네 달 동안 유럽으로 배낭여행을 다녀온 적이 있어요. 길지 않은 여행이었지만 그때의 추억은 지금도 잊을 수가 없어요. 지갑을 잊어버려서 당황했던 일, 외국인 친구들을 만나 유창하지 않은 영어로 대화하면서 하염없이 즐겁게 웃었던 일, 함께 여행길에 올랐던 친구와의 우정 등 한꺼번에 떠올리기도 힘들 만큼 많은 기억들이 내 마음 안에 차곡차곡 저장되어 있지요. 그리고 힘들 때 가끔 그 기억들을 떠올리며 웃기도 하고, 생각에 잠기기도 해요. 무려 12년이 지난 지금에도 그 여행은 나에게 엄청난 에너지를 준다고나 할까요. 여행의 힘은 그런 것이랍니다.

그래서 나는 미래일기 속에 지금부터 8년 뒤에 이루고 싶은 나의 세계 여행에 대한 꿈을 그려 본 거랍니다. 그때는 더 많은 사람들을 만나고, 더 많은 곳을 돌아다니면서 온 세상 사람들의 에너지를 듬뿍 받고 싶어요. 또 내가 앞으로 어떻게 살아갈지 생각하는 시간을 많이 가질 거예요.

우리가 사는 세상은 참으로 넓고 크지요. 그 큰 세상에서 수많은 민족들이 국가를 이루고 자신들만의 고유한 문화를 이루며 살아가고 있어요. 우리나라만 해도 얼마나 넓은지 우리 친구들은 아직 못 가 본 곳도 많고 지역 이름이 낯선 곳도 많을 거예요. 그러니 이 세상은 얼마나 넓겠어요.

우리 친구들은 나와 다른 피부 색깔을 가진 친구들, 한글이 아닌 다른 말을 쓰는 친구들, 다른 문화 속에 살아가는 친구들의 생활이나 생각이 궁금하지 않나요? 그 친구들이 다니는 학교, 그 친구들의 하루 일과, 그 친구들이 좋아하는 음식, 그 친구들의 꿈, 그 친구들의 장래 희망에 대해 만나서 직접 이야기하고 싶지 않나요? 또 우리 친구들의 이야기를 전 세계의 친구들에게 들려주고 싶지 않나요?

내가 여러분에게 간절히 말하고 싶은 것은 정말 세상을 크게 보는 눈을 가졌으면 하는 바람이에요. 인터넷의 발달로 예전보다는 다른 나라를 알 기회가 많아졌어요. 페이스북이나 트위터를 통해 외국 친구들과 실시간으로 이야기를 할 수도 있지요. 이제 세계는 그 어느 때보다도 가까워졌어요. 여러분들이 어른이 될 때쯤이면 더욱더 세계가 가까워지겠지요. 아마도 2시간 반 만에 미국에 도착하는 빠른 비행기가 나올지도 모르지요.

그러니 눈을 크게 뜨고 가슴을 활짝 열고 세상의 친구들과 만날 준비를 해 봐요. 정말 근사하지 않을까요?

마음을 넓게 가지면 앞으로 살아갈 인생의 그림도 커질 거예요. 대한민국에서 무슨 일을 할지 계획하기보다 세계에서 어떤 일을 할지 꿈을 꿔 봐요.

나는 우리 친구들이 세계를 마음껏 다니는 사람이 되기를 응원하겠어요. 세계를 자기 집처럼 뛰어다니는 사람이 되기를 바랄게요.

2030년 8월 9일

나는 소중하니까

"올해 대한민국 슈퍼 모델은 이은아 양입니다. 이은아 양, 앞으로 나오세요. 진심으로 축하드립니다."
사회자의 발표가 쩌렁쩌렁 무대를 울렸다.
은아는 자신이 꿈에 그리던 모델, 그것도 슈퍼 모델이 되었다는 사실에 자신의 볼을 살짝 꼬집어 보았다.
아픈 걸 보니 역시 꿈은 아니었다. 은아는 무대를 향해 힘껏 달려 나갔다.
사실 은아는 초등학교 다닐 때만 해도 키도 작은데 못생기기까지 하다고 친구들에게 놀림을 받던 아이였다.

그런데 오늘 한국을 대표하는 슈퍼 모델로 뽑힌 것이다.
은아가 모델이 되겠다는 꿈을 가슴에 간직한 지는 10년도 더 되었다.
초등학교 3학년 때인가 우연히 TV에서 우리나라 톱모델의 세계적인 활동을 담은 다큐멘터리를 보고 나서였다.
모델들의 우아하고 개성 있는 모습은 어린 은아의 마음을 단번에 사로잡았다.
엄마는 은아가 모델이 되고 싶어 한다는 것을 알고 그 꿈을 키울 수 있도록 열렬히 응원해 주었다.
특히 은아가 자신감을 잃지 않도록 용기를 북돋아 주었다.
"은아야, 모델은 무엇보다 자신을 소중히 여기는 사람이야! 몸 전체로 아름다움을 표현하는 거잖아. 자신을 소중히 여기지 않는 사람은 그런 아름다움을 다른 사람에게 전해 줄 수 없어. 모델뿐만 아니라 어떤 일을 하든 자신을 사랑하지 않으면 아무것도 할 수 없어!"

그런 엄마의 당부와 격려가 은아에게는 큰 힘이 되었다.

특히 키 문제로 고민할 때 엄마의 응원이 정말 힘이 되었다.

솔직히 아빠도 엄마도 키가 아주 큰 편이 아니어서 자신도 키가 안 크면 어쩌지 하는 고민이 있었다.

은아는 키를 키우기 위해 정말 열심히 노력했다.

키는 유전이라고들 하지만 그것과 상관없이 꾸준히 키 크는 운동을 하고, 성장에 좋다는 음식도 많이 먹었다.

그런 노력 덕분인지 은아는 키가 174센티미터다.

은아가 소감을 발표하는 순간이 왔다.

"저는 콤플렉스 투성이었어요. 그런데 어릴 때부터 제 자신이 가장 예쁘고 아름답다고 늘 생각해 왔죠. 그랬더니 정말 신기하게도 이렇게 아름다운 외모를 갖게 되었답니다.

늘 저에게 자신감을 가지라고 응원해 주신 부모님께 진심으로 감사드려요. 저를 예쁘게 봐 주신 여러분 사랑합니다. 그리고 은아야! 난 널 너무 사랑해!"

관중석에서 커다란 함성과 함께 우레 같은 박수가 터져 나왔다.

은아의 눈에는 눈물이 맺혔다.

이제 은아는 한국을 대표하는 슈퍼 모델로 세계를 무대로 활동하게 된다. 한국인의 아름다운 문화와 미를 전 세계에 알리는 것이다.

> 무슨 일을 하건 자기 자신을 사랑하는 사람은 눈빛부터 달라요.
> 빛이 나고 윤기가 흐르지요. 반대로 자신을 진심으로
> 사랑하지 않는 사람은 눈빛이 없어요.
> 자기 자신을 진심으로 사랑하는 사람은 다른 사람도 사랑할 수 있어요.

　이 지구상에는 50억이 넘는 인구가 살고 있어요. 각양각색의 얼굴을 하고 모두가 다르게 생겼죠. 예쁘게 생긴 사람, 피부가 검은 사람, 키가 작은 사람 등등. 그런데 이것만은 알아야 합니다. 여러분이 어떻게 생겼든 간에 당신은 이 세상에서 가장 소중한 사람이라는 것을요. 이 지구에 아니 이 우주에 당신이라는 사람은 단 한 사람이에요.

　물론 당신과 얼굴이 닮은 사람은 중국에도 있고 일본에도 있어요. 하지만 얼굴도 똑같고 성격도 똑같은 사람은 있을 수 없어요. 또 아무리 좋은 일이 있더라도 이 세상에 내가 존재하지 않는다면

아무런 소용이 없지요. 그러니 당신이 세상에서 가장 소중한 거죠.

그런데 곰곰이 생각해 보면 이 세상에서 자신을 가장 소중히 여기지 않는 사람이 바로 자기 자신인지도 몰라요. 그러니까 더더욱 자신을 응원하지 않지요. 괜히 다른 사람들과 비교하면서 자신을 무시하죠.

'내가 뭘 할 수 있겠어? 예쁘지도 않고 공부도 못해. 게을러. 키도 작아. 난 너무 나약해!'라고 말이에요. 우리 친구들도 다른 친구들과 자신을 비교하면서 자기 자신을 깎아내리고 무시했던 경험이 있을 거예요. 그런 경험이 있다면 이제부터 싹 잊어버리고, 지금 자신을 소중히 여기는 사람으로 다시 태어나는 거예요. 어때요? 할 수 있지요?

사람이라는 존재는 원래 대단해요. 사람과 똑같이 만들려고 과학자들이 인조인간을 만드는 데 드는 돈이 무려 6조 원이래요. 6조 원이 얼마나 큰 돈인지 우리는 상상조차 할 수 없을 정도지요. 그런데 정작 그렇게 돈을 들여도 사람하고 똑같이 만들 수가 없대요. 만일 모습은 똑같게 만들었다 치더라도 인간의 감정은 어떻게 만드냐는 거죠. 인간의 복잡한 뇌 구조를 어떻게 만들 수가 있겠어요.

우리는 그렇게 대단하답니다. 그러니 이제부터라도 이렇게 비싼 자신을 세상에서 가장 소중히 여겨야 하겠지요?

무슨 일을 하건 자기 자신을 사랑하는 사람은 눈빛부터 달라요. 빛이 나고 윤기가 흐르지요. 반대로 자신을 진심으로 사랑하지 않는 사람은 눈빛이 없어요.

내 친구 중에 강호동이 바로 자신을 가장 사랑하는 사람이에요.

얼마 전 토크쇼에서 내가 강호동에게 물었어요.

"넌 다시 태어나면 장동건처럼 잘생기게 태어날래? 너로 다시 태어날래?"

그랬더니 호동이는 자기로 다시 태어날 거래요. 자기는 강호동이 정말로 좋대요. 남자답고 잘 먹고 언제나 힘이 넘치는 자기가 진심으로 좋다나요!

상태가 너무 심할 정도로 사랑하죠. 그런데 그런 강호동이라서 사람들에게 에너지를 주고 용기를 주잖아요. 강호동의 눈빛을 보면 진심으로 자신을 사랑한다는 것을 느낄 수가 있어요.

자기 자신을 진심으로 사랑하는 사람은 다른 사람도 사랑할 수 있어요. 내가 소중하니까 나와 관련된 사람도 모두 소중하게 느껴

지는 거죠.

나도 몇 년 전까지만 해도 조혜련이라는 나를 사랑할 수가 없었답니다. 늘 실수투성이고 자신감도 없고 너무 힘겹게 사는 내가 싫었어요.

그런데 이제 나도 나 자신을 사랑하는 법을 배우고는 매일매일 내 자신을 응원하고 어루만지며 산답니다. 힘든 일이 있는 날에는 내 가슴을 쓰다듬으면서 '혜련아! 사랑해! 난 널 응원해! 넌 세상에서 가장 훌륭하고 멋있는 사람이야'라고 늘 말해 준답니다. 그러면 마음이 편안해지면서 또 힘을 낼 수가 있더라고요.

여러분도 매일매일 자신과 대화해 봐요. 시험을 못 봤다거나 부모님한테 혼났을 때도 왼쪽 가슴에 손을 올리고 쓰다듬으면서 '난 널 너무 사랑해. 넌 이 세상에서 가장 소중한 사람이야. 오늘은 시험을 못 봤지만 인생은 길잖아. 다시 힘내서 다음에 잘하자. 파이팅!'이라고 늘 응원해 줘요.

가장 중요한 건 진심을 담아서 하는 것이에요. 하루에 열 번씩이라도 꼭 해 보아요. 아니 지금 연습해 봐요. 이 책을 읽고 있다면 왼쪽 가슴에 심장이 있으니 손을 올리고 쓰다듬으면서 '사랑해'라고 말이죠.

이렇게 스스로 계속 응원하다 보면 우울한 일도 속상한 일도 사라지게 된답니다.

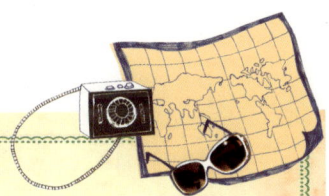

'안 돼!', '못 할 거야!', '망치지 않을까?' 하는 부정적인 생각보다 '할 수 있어!', '잘해!', '잘될 거야!'라는 긍정적인 생각을 하려고 노력해요.
긍정적인 자기암시는 매일매일 좋은 영양소를 섭취하는 것과 같은 활력을 줘요.

2026년 4월 3일

세로 토닌'하라

은서가 쓴 『미안해』라는 소설이 오늘로 200만 부가 팔려 나갔다. 은서는 이제 베스트셀러 작가라는 영예를 안게 되었다. 겨우 스물두 살밖에 되지 않은 은서가 이렇게 사람들에게 공감을 얻는 글을 쓸 수 있었던 것은 어렸을 때부터 써 왔던 메모 덕분이다. 은서는 유난히 생각하기를 좋아하는 아이였다. 친구들과 어울려 뛰놀기보다는 혼자서 공원을 거닐며 아름다운 상상을 하고, 그걸 공책에 적어 놓고 틈틈이 들여다보고는 했다.

그런 은서에게 친구들과 주변 사람들은 작가라는 별명을 붙여 주었다. 은서는 이 별명이 싫지 않았다. 그리고 세상에서 가장 아름다운 글을 쓰는 소설가가 되고 싶다는 꿈을 키워 왔다. 은서는 책도 무지 많이 읽었다. 읽고 나서도 반드시 자신만의 감상을 써서 '은서 작가'라는 컴퓨터 폴더에 저장했다. 은서가 발표한 『미안해』는 바로 그것을 바탕으로 써 내려간 것이다. 스물두 살밖에 안 된 여학생의 글이 세상을 깜짝 놀라게 했지만 이 결과가 한순간에 이루어진 것은 아니었다. 소설 제목인 '미안해'는 아버지가 세상을 떠나면서 은서에게 남긴 말이었다. 살아 계실 때는 엄하고 무뚝뚝했지만 돌아가실 때 아버지는 은서의 손을 꼭 잡고 '은서야! 난 항상 너에게 미안했다. 아빠가 너에게 잘해 주지 못해 미안하다'고 사과를 하셨다.
이 소설의 메시지는 세상의 부모님은 자식들에게 아낌없이 사랑을 주지만 그래도 늘 미안한 마음을 가지고 산다는 것이다.
이 소설을 읽은 평론가는 '마음이 이렇게 따뜻해지는 소설은 처음이다!'라고 칭찬을 했다.
은서는 앞으로도 이 세상을 아름답게 만들 글을 계속 써 나갈 계획이다.

우리 몸속의 호르몬 중에 '세로토닌'이라는 것이 있어요.
우리가 사는 데 꼭 필요한 호르몬으로 '집중력'과 직결되는 것이지요.
그래서 세로토닌이 많으면 공부도 잘 되고
무엇에든 집중을 잘 할 수가 있대요.

"세로토닌하라!"

여러분에게는 조금 낯설고도 어려운 말일 수 있는데 나는 이 말을 여러분에게 꼭 전하고 싶어요. 요즘 뇌 과학자들이 집중적으로 관심을 갖고 연구하는 분야가 바로 이 '세로토닌'이라는 호르몬이에요.

우리 몸속의 호르몬 중에는 '세로토닌'이라는 것이 있어요. 우리가 사는 데 꼭 필요한 호르몬으로 '집중력'과 직결되는 것이지요.

그래서 세로토닌이 많으면 공부도 잘 되고 무엇에든 집중을 잘 할 수가 있대요.

만약 여러분이 공부를 할 때 집중력이 흐려지고 머리가 아프다면 그건 바로 세로토닌이 부족해서 그런 거예요.

또 이 세로토닌이라는 호르몬은 감정을 조절하는 기능도 있어요. 우리가 화가 나고 짜증이 날 때 세로토닌이 많으면 바로 마음이 차분해지고 긍정적으로 바뀔 수가 있대요.

그런데 안타까운 것은 이 호르몬은 사람에게 하루 2시간 정도밖에 나오지가 않아요. 그래서 이 호르몬을 더 늘리는 것이 사람이 행복해지는 데 도움이 된다고 해요.

반가운 소식은 세로토닌 호르몬을 늘릴 수 있는 방법이 최근에 발표되었다는 거예요.

먼저 하루에 한 시간 정도 걸으면 세로토닌이 많이 솟아난대요. 사실 요즘 어린이들은 옛날과 달리 걷는 것이 너무도 부족해요. 학교도 가까이 있어서 많이 걷지 못하죠. 학원도 두세 곳 다니느라 뛰노는 시간이 부족해요. 대도시에 사는 친구들은 더더욱 걸을 기회가 없지요.

여러분, 주말이 되면 부모님을 졸라서라도 꼭 가까운 공원이나 산에 올라가 봐요.

그러면 가슴도 탁 트이고 가족들과도 오순도순 이야기를 많이 나눌 수 있어서 좋을 거예요.

옛날 사람들은 참 많이도 걸었어요. 걸으면 뇌의 활동이 빨라져서 좋은 아이디어들이 많이 나온다고 해요. 그래서 철학자는 생각을 정리하기 위해, 음악가들은 악상을 떠올리기 위해, 화가들은 자연을 만나기 위해 길을 걷고 또 걷고, 여행을 했어요. 지금까지 우리에게 전해져 내려오는 수많은 예술 작품들이 다 걸으면서 생각해 낸 것이라고 해도 지나치지 않을 정도지요.

요즘처럼 컴퓨터 앞에만 앉아 있거나 TV만 보고 있으면 사람의 머리는 생각을 멈추게 돼요.

사람의 뇌가 활발하게 활동하지 않으면 어두운 생각을 하게 되거나 아주 단순하게 바뀌게 되죠.

그러니 일부러 시간을 내어서라도 가까운 공원이나 운동장에 가서 걷는 거예요. 걷는 것은 건강을 위해서도 아주 좋아요. 덤으로 걸으면서 자연도 느끼고 좋은 공기, 좋은 생각들을 머릿속에 꽉 채우는 거죠.

매일 걷는 여러분은 틀림없이 세계에서 가장 훌륭한 일을 하는 사람이 될 거예요.

긍정적인 생각과 감사하는 마음을 가지고 '세상은 정말 멋진 곳이다. 이렇게 몸도 마음도 건강하게 살 수 있어서 정말 행복하다'라고 생각해 봐요. 그러다 보면 모든 것이 감사하고 아름답게 느껴질 거예요.

나를 낳아 주신 부모님께도 감사하고 나와 친하게 지내는 친구들에게도 감사하는 마음이 생길 거예요.

요즘 「개그콘서트」에서 '감사합니다'라는 코너가 생겼던데 무척 좋은 아이디어 같아요. 작은 것에도 늘 감사하는 마음을 느끼면 그 마음이 좋은 일들을 불러오는 거죠.

그다음 세로토닌이 나오는 순간은 씹을 때 나온다고 해요. 그렇다고 너무 많은 음식을 먹으면 살이 찌니까 밥을 먹을 때 꼭꼭 여러 번 씹는 거죠.

꼭꼭 씹어 먹으면 건강에도 좋고 바로 내가 말한 것처럼 '세로토닌'이 마구마구 나와 주니 일석이조예요.

그리고 이건 나만의 방법인데요, 껌을 씹는 것도 뇌 움직임에 도움이 돼요. 생각이 막히거나 답답하면 껌을 씹으면서 마음을 달래 보아요.

그렇다고 수업 시간에 막 소리를 내서 씹거나 아무 곳에서나 예의 없이 껌을 씹는 친구들은 없겠지요?

세로토닌 분비를 촉진시키는 방법
- 도전하는 마음을 가져요!
- 매일매일 책을 읽어요!
- 자주 웃어요!
- 언제나 감사해요!
- 뜨거운 열정을 가져요!

2070년 5월 3일

내 영화의 주인공은 '나'

나, 조혜련의 나이 이제 103세! 머리는 허옇게 세고, 주름이 자글자글한 할머니가 되었지만 근육만큼은 내 별명 '조자룡' 답게 아직도 쌩쌩하다.

박명수 영감과 유재석 영감을 만나 점심으로 맛있는 스테이크를 먹었다. 박명수 영감은 노인네가 된 지금도 유재석 영감을 만나면 경쟁심을 느끼는지 자기가 더 웃기려고 애쓴다. 60년 전에 같이했던 「무한도전」이라는 프로에서 자기가 더 웃겼다고 우기면서 티격태격하는 모습이라니. 그것도 틀니가 불편한지 뺐다 꼈다 하면서 말이다. 나이가 들어도 그 친구들은 정말 귀엽다.

하하하!

점심 식사 후에는 바로「젊은이들을 위한 토크쇼」촬영에 들어갔다. 이 프로는 인생에 대한 메시지를 전하는 것으로 생방송이고, 또 전 세계로 방송되기 때문에 긴장이 많이 된다. 하지만 시청자들에게 인기가 있어 30년째 이어져 온 장수 프로다. 내 나이 73세에 처음 진행을 맡아 103세가 된 지금까지도 진행을 맡고 있으니 고마운 일이 아닐 수 없다.

그러나 아쉽게도 오늘이 마지막 방송이다. 부쩍 허약해진 내 몸이

며칠 전부터 어떤 신호를 보내오고 있는데, 그런 내 모습을
사람들에게 보이기 싫어서 이제 그만하겠다고 결정을 내린 것이다.
마지막 방송을 마치고 집으로 돌아오는 차 안에서 눈이 스르르
감기는 듯한 편안함을 느꼈다. 따뜻한 오월의 햇살 아래 너무도
편안하게 졸고 있는 나!
103세 인생을 하루하루 멋지게 잘 살았다.
이제 후회 없이 이 생을 마감하리라!
대한민국의 개그우먼 조혜련으로 살았던 내 인생! 내가 생각해도
장하다.

2070년 5월 4일

오늘은 내 장례식이다. 이 세상을 떠나는 나를 위로하려고
친구들이 많이 왔다.

내가 옛날부터 예뻐했던 빅뱅의 지드래곤, 미스에이의 중국 친구 지아와 페이, 잘생긴 송중기…….

'이젠 모두 할머니 할아버지가 되었구나! 와 주어서 정말 고맙다.'
기자들이 장례식에 참석한 송중기에게 인터뷰를 요청하니 이렇게 이야기한다.

"조혜련 선배님이 살아 있을 때 제게 좋은 에너지를 많이 주었어요. 내가 외롭고 힘들 땐 손을 잡아 주었고, 제가 어려움에 처해 있을 땐 파이팅을 외쳐 주었지요. 그런 위로와 격려 덕분에 저는 더욱 힘을 내어 앞으로 나아갈 수 있었어요. 그래서 저도 다른 사람에게 그 에너지를 전해 주려고 노력하고 있어요. 마치 조혜련 선배님이 제게 해 준 것처럼요.
정말 고마운 혜련 선배! 당신이 있어서 많이 행복했어요! 저도 당신처럼 살고 싶어요!"
그의 눈빛은 정말로 따뜻하고 정이 듬뿍 담겨 있다.

마지막 순간! 누구라도 마지막 순간만큼은 멋지게 해내고 싶지요.
그래요. 나 역시 생명의 마지막 순간까지
의미 있는 일들을 하고 싶다는 꿈을 꾸었던 것이지요.
그것은 바로 사람들에게 좋은 에너지를 팍팍 불어넣는 일이었어요.

'나' 라는 작품은 세상에 태어나서 열심히 살다가 마지막에 죽을 때가 되어서야 완성이 된답니다.

나도 세상에 태어나 '조혜련' 이라는 이름을 얻고, 걸음마를 배우고, 말을 배우면서 어린이로 성장했어요. 그러고는 점차 청소년으로 자라고, 어른이 되고, 개그우먼이 되었지요. 우리 친구들은 지금 어린이 시기를 보내고 있어요. 이 다음에는 청소년이 되고 얼마 안 있어 어른이 되겠지요.

하루에도 여러 가지 일이 생기는 것처럼 사람의 일생 동안에는 정말 많은 일들이 일어나요. 사람은 그 많은 일들을 경험하고 배우고 느끼며 살아가는 존재예요.

그중에는 마음먹은 대로 잘되는 일이 있는가 하면, '아, 정말 내 마음대로 안 되는구나!' 하는 일도 있지요. 나도 그랬어요. 하지만 일이 잘 안 될 때면 실망하지 않고 이렇게 말하고는 했어요.

"훌륭하게 살고 싶다."

그러면서 떠올린 것이 내 인생을 마치는 마지막 순간이었어요.

마지막 순간! 누구라도 마지막 순간만큼은 멋지게 해내고 싶지요. 그래요. 나 역시 생명의 마지막 순간까지 의미 있는 일들을 하고 싶다는 꿈을 꾸었던 것이지요. 그것은 바로 사람들에게 좋은 에너지를 팍팍 불어넣는 일이었어요.

미래일기도 그래서 썼어요. 아직 일어나지도 않은 60년 후의 내 장례식장의 모습을 정말로 멋지게, 순전히 내 상상으로, 내가 마치 내 인생의 영화감독이 되어서 시나리오를 쓰는 것처럼 써 본 것이지요.

나는 지금도 매일 미래일기를 쓰고 있답니다.

미래라는 것은 지금부터 한 시간 뒤, 일주일 뒤, 한 달 뒤, 십 년 뒤, 백 년 뒤, 어쨌든 아직 경험하지 않은 다가오는 시간들이지요?

미래일기란 아직 일어나지 않은 미래의 일들을 마치 이미 일어난 것처럼 멋지게 상상해서 쓰는 거예요. 보이지 않는 미래이지만 그것을 내가 원하는 대로 그려 가다 보면 그 즐거운 상상과 희망의 에너지들이 모이고 모여, 내가 원하는 것이 이루어지도록 영향을 미치는 거예요.

 여러분이 잘 아는 김연아 선수도 항상 머릿속에 자신이 빙상 위에서 멋지게 스케이트를 타고 1등을 하는 모습을 꿈꾸며 미래일기를 그려 왔어요. 박지성 선수도 자신은 세계적인 선수가 될 거라고 고등학교 때부터 되뇌어 왔어요. 메뚜기 유재석도 무명 시절부터 늘 방송에서 멋지게 활동하는 자신의 모습을 그려 왔지요.

 나도 그랬어요. 사람들에게 즐거움을 주는 일, 세계 무대로 뻗어 나가 활동하는 상상을 계속 해 왔어요. 미래일기를 쓰다 보면 꿈이 왜 소중한지, 그 꿈을 이루기 위해 어떤 상상을 해야 하는지도 모두 알려 줄 거예요. 우리 멋지게 미래일기를 쓰고 그리면서 생활하면 어떨까요?

좋은 습관 키우기

하루에 세 번 이 닦기, 운동하기, 숙제 꼭 하기 등 우리는 매일 되풀이하는 행동들이 있어요. 이런 걸 습관이라고 하지요. 그런데 마음에도 습관이 있어요. 긍정적으로 생각하기, 감사한 마음 갖기, 생명을 소중히 여기기 같은 것들 말이에요. 좋은 마음, 좋은 생각의 습관을 기르면 큰 에너지가 생겨 아름다운 사람으로 자랄 수 있어요. 그리고 그 마음이 세상을 따뜻하게 만들어요.

2012년 3월 2일

가장 아름다운 마음

몇 달 전만 해도 은성이는 개를 무척이나 싫어하는 아이였다. 동네에서 작은 강아지라도 만날라 치면 돌을 던져 쫓아 버리기도 하고 발로 걷어차 낑낑거리면서 도망가는 걸 재미있게 지켜보는 고약한 취미도 있었다.
친구들이 그러지 말라고 하면 은성이는 오히려 '시끄럽고 냄새나는 강아지가 뭐가 좋냐?' 면서 친구들에게 눈을 치켜떴다.
그러나 「마음이」라는 영화를 보면서 은성이의 생각은 달라졌다. 사람보다 더 지극한 사랑으로 자기 새끼를 목숨 걸고 지키는 어미개의 모습에 은성이는 눈물을 흘리며 감동을 받았다.

장대비가 주룩주룩 쏟아지던 어느 날, 은성이는 엄마 심부름으로 슈퍼에서 두부를 사 오는 길이었다.

어디선가 '낑낑' 하는 강아지 소리가 들려왔다. 소리는 아파트 쓰레기장 뒤편에서 나고 있었다.

은성이는 순간 두렵기도 했지만 소리가 나는 쪽으로 조심조심 다가갔다.

제법 큰 개 한 마리가 다리를 다쳐서 피를 흘리고 있었는데 다리 사이로는 강아지들을 감싸고 있었다.

어미개는 은성이가 나타나자 불안한지 눈동자를 이리저리 굴리면서 컹컹컹 짖기 시작했다.

다리를 다친 어미개는 안간힘을 다해 강아지들을 보호하려고 했다. 그런 어미개의 모습이 은성이의 눈에는 정말

용감하게 보였다. 게다가 어미개가 다친 것을 아는지 모르는지 강아지들은 그저 어미개의 다리 사이에서 낑낑대며 젖을 먹으려고 매달렸다.

그 순간 은성이는 영화 「마음이」의 장면들이 떠오르면서 자기도 그 영화의 주인공처럼 지금 눈앞에 있는 불쌍한 개들을 돌봐 주고 싶다는 생각이 들기 시작했다.

은성이는 잠시 머뭇거리다가 봉지에서 두부를 꺼내어 손으로 으깨서 강아지들에게 주었다.

두부를 조심히 들고 오지 않았다고 엄마에게 꾸지람을 들을 거라는 생각도 잠시 들었으나 그것보다는 강아지들이 불쌍하다는 마음이 더 컸다.

은성이가 두부를 잘게 부수어서 강아지들 앞으로 내밀자 배가 몹시 고팠는지 강아지들은 은성이 앞으로 쪼르르 달려와서는 두부를 다 먹어 치웠다. 그런 강아지들의 모습이 매우 귀여웠다. 어미개도 더 이상 은성이를 경계하지 않고, 순하고 따뜻한 눈빛으로 은성이를 바라보았다.

그 순간 은성이는 지금까지 느껴보지 못한 따뜻하고 행복한 마음이 가득 차오르는 것을 느꼈다. 배고픈 강아지들에게 두부를 먹인 자신이 정말로 자랑스럽고 대견했다.

좋은 마음에서 시작된 좋은 일은
꼬리에 꼬리를 물면서 더 큰 에너지로 이어진답니다.
그러면 자신의 마음이 따뜻한 행복감으로
물드는 것을 느낄 수 있을 거예요.

생명을 소중히 하는 마음은 매우 아름다운 마음이에요. 작은 풀도 생명이고 하찮게만 여겨지는 벌레도 살아 있는 생명이지요.

그런데 우리는 사람 이외의 생명에 대해서는 그다지 소중하게 여기지 않는 것 같아요. 그렇기 때문에 은성이가 베푼 마음은 정말로 소중한 행동이라고 생각해요.

나와는 상관없는 다른 어떤 것에 마음을 베푼다는 것, 그것도 진심에서 우러나서 누군가를 도와준다는 것은 가장 아름다운 일 중에 하나일 거예요.

우리는 도움을 받는 쪽이 행복할 거라고 생각하지만 오히려 그

반대예요. 도와주는 쪽이 훨씬 마음이 따뜻해지고 행복해진답니다. 정말 이상하지요? 그러면 여러분도 한번 도움을 베풀어 봐요. 분명 느낄 수 있을 거예요.

　얼마 전에 돌아가신 이태석 신부님은 어렸을 때부터 '예수님처럼 가장 낮은 곳에서 가장 어려움에 처한 사람들을 위해 살겠다'는 마음으로 아프리카 수단에 있는 작은 마을 톤즈라는 곳에 가서 제대로 배우지 못하고 입지 못하는 아프리카 주민들에게 공부를 가르치고 노래를

가르치며 살았어요. 그러다 건강이 악화되어 세상을 떠나셨지요. 이태석 신부님의 아름다운 삶을 다룬 영화「울지 마 톤즈」에서 신부님은 이런 말씀을 하세요.

"나는 너무도 행복한 사람이었다. 난 다시 이 세상에 태어난다고 해도 그 사람들을 만날 것이다."

남을 돕는 마음과 행동은 돈이 많다거나 똑똑하다고 해서 되는 게 아니지요. 다른 모든 것들을 사랑하는 따뜻한 마음씨에서 시작된답니다. 어릴 때부터 이런 마음을 가꾸고 키우는 일을 게을리하면 안 돼요.

여러분도 이태석 신부님처럼 정말 훌륭한 사람이 되기 위해서 다른 사람을 돕는 일을 해 보면 어떨까요? 작은 실천이 모이고 모이면 '마음의 사랑 보따리'가 점점 커져요.

할머니의 무거운 짐을 대신 들어 주거나 동네에서 만나는 어르신들에게 반갑게 인사하거나 아픈 친구를 스스로 도와주거나 하는 것이 바로 그런 일이에요.

좋은 마음에서 시작된 좋은 일은 꼬리에 꼬리를 물면서 더 큰 에너지로 이어진답니다. 그리고 그런 행동을 하는 중에 자신의 마음이 따뜻한 행복감으로 물드는 것을 알아차릴 수 있을 거예요.

여러분이 지금부터 그런 실천들을 해나간다면 나중에 얼마나 훌륭한 사람이 될지 상상만 해도 행복해져요.

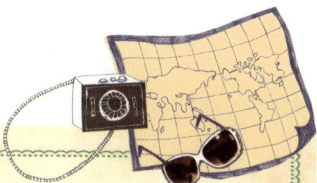

> 처음에는 워낙 가난하니까 여러 가지 계획을 많이 세웠다. 그러나 시간이 지날수록 같이 있어 주는 것이 가장 중요하다는 것을 깨달았다.
> 어떤 어려움이 닥친다 해도 그들을 버리지 않고 함께 있어 주고 싶다.
>
> 이태석 『친구가 되어 주실래요』 중에서

2012년 5월 15일

괜찮아, 다 잘될 거야!

오늘은 스승의 날이다.

현수는 오늘 열리는 스승의 날 기념식 행사에 전교생을 대표해서 단상에 올라 선생님께 드리는 감사의 글을 낭독하기로 되어 있다. 긴장이 되어서인지 아침부터 현수의 표정이 살짝 굳어 있다. 담임 선생님은 그런 현수의 마음을 눈치채셨는지 잘할 수 있을 거라는 눈신호를 계속 보내오고 있다.

발표는커녕 친구들 앞에서 말하는 것조차 두려워하던 현수였다. 그런 아이가 전교생 앞에서 글을 낭독하다니, 작년 같았으면 엄두도 내지 못할 일이었다. 그런데 5학년에 올라와 하정은 선생님을 만나고부터 현수는 참 많이 바뀌었다. 무엇보다 자신감이 부쩍 생겼다.

개학 첫날, 하정은 선생님은 교실 문을 드르륵 열고 들어오시며 가장 먼저 아이들에게 자기소개를 하게 했다. 이날 교단에 서서 우물쭈물거리기만 하고 입도 떼지 못하고 자리로 들어간 아이가 현수였다.

현수는 너무 부끄러워 고개를 들 수 없었지만 선생님은 다정한 눈빛으로 이렇게 말씀하셨다.

"현수가 부끄러움을 많이 타는 구나. 앞으로 조금씩 노력하면 된단다. 너무 속상해하지 마!"

그날 이후 선생님은 현수가 남 앞에 서서 말하는 두려움을 극복할 수 있도록 용기와 칭찬을 아끼지 않으셨다.

"큰 소리로 또박또박 정말 잘 읽었어!"

"상대방이 알아들을 수 있도록 조리 있게 자신의 생각을 잘 말해 줬어!"

"등을 곧게 펴고, 상대방의 눈을 쳐다보면서 말하는 태도가 아주 훌륭했어!"

선생님은 현수에게 하루에도 몇 번씩 칭찬 거리를 찾아내어 칭찬을 해 주셨다. 그래서인지 현수는 학기 초보다 훨씬 명랑하고 밝아졌다.

드디어 식이 시작되고, 현수가 강단 위로 올라가서 준비한 원고를 꺼내 들었다.

"사랑하는 선생님! 언제나 저희를 따뜻하게 보살펴 주셔서 고맙습니다. 진심으로 감사드립니다."

긴장된 목소리였지만 현수는 자신이 준비한 원고를 자신 있게 읽어 내려갔다.

그러더니 갑자기 현수는 담임 선생님께 인사를 꾸벅하면서 이렇게 말했다.

"특히 하정은 담임 선생님! 진심으로 감사합니다. 늘 자신 없어 하고 뒤로만 숨던 제게 선생님은 두려움을 없애라며 많은 용기를 주셨어요. 제가 용기를 내지 못하면 선생님은 제 손을 꼭 잡고 '난 할 수 있다' 하고 큰소리로 외쳐 보라고 말씀하셨죠. 그렇게 저는 자신감을 가지게 되었어요.

선생님, 감사합니다."

현수의 발표가 끝나자 모두 일어나서 박수를 쳤다.

늘 소심하고 자신감 없어 하던 현수의 모습은 이제 찾아볼 수 없었다.

현수를 지켜보고 있던 하정은 선생님 눈에도 눈물이 맺혔다.

이제 먹는 것뿐만 아니라 생각도 웰빙을 해요.
부정적이거나 좋지 않은 생각들은
몸에 좋지 않은 음식을
머릿속에 마구 집어넣는 것과 똑같은 거니까요.

자신에게 가장 안 좋은 에너지를 불러일으키는 것이 바로 '두려움'이라고 해요.

어떤 일을 계획할 때 사람에게 가장 먼저 드는 생각이 '안 되면 어떡하지? 망치면 어떡하지?' 하는 걱정이라고 해요. 여러분도 그런 적이 많이 있을 거예요.

왜 사람들은 아직 일어나지도 않은 일에 대해서 걱정하고 두려워하는 걸까요?

참 이상하게도 사람들은 그렇게 걱정을 해야 일이 잘될 거라고 착각을 한대요. 그런데 사실 그건 정말 좋지 않은 에너지랍니다. 사람이 두려워할 때 부정적인 에너지가 너무나 많이 나와서 잘될 수 있는 일도 안 되는 방향으로 흐르거든요.

시험날을 떠올려 봐요. 괜히 긴장하거나 걱정을 너무 많이 하면 평소에 공부를 열심히 했어도 제대로 실력을 발휘할 수가 없잖아요. 또 연습을 많이 한 가수들이 생방송에서 노래를 할 때는 떨려서 자기의 실력을 발휘하지 못하거나, 운동선수들도 평소와는 달리 실수를 하는 모습들이 눈에 띄죠. 그것이 바로 '두려움'이라는 나쁜 녀석이 우리를 감싸고 있기 때문이에요.

3년 전으로 기억이 되는데 내가 일본 방송과 한국 방송을 같이 할 때였어요.

일본과 한국을 왔다 갔다 하다 보니 스케줄이 겹쳐서 어느 날은 저녁 6시에 일본 공항에 내려서 7시에 생방송을 진행해야 했던 적이 있었지요.

비행기를 타자마자 내 머릿속에는 '어떡해! 늦을 거야! 난 생방송에 늦을 거야! 어떡해!' 하고 계속 걱정했고 그 스트레스가 너무 심했는지 위가 아프더니 머리까지 아프기 시작했어요.

나는 그 아픔을 견딜 수가 없어서 비행기 화장실에 있는 거울을 보면서 이렇게 위로하기 시작했어요.

"조혜련! 넌 절대 늦지 않을 거야. 절대 두려워하지 말자. 아직 일어나지도 않은 미래의 일을 왜 두려워하면서 자신을 괴롭히는 거야. 괜찮아."

그러고 나니 한결 마음이 가벼워졌어요. 결국 나는 생방송에 늦지 않았고 멋지게 방송을 마무리할 수 있었죠.

우리는 왜 아직 일어나지도 않은 일들을 미리 걱정하면서 자신을 괴롭힐까요?

  여러분, 이제 자신의 머릿속에서 떠오르는 두려운 생각들은 떨쳐 버리자고요. 바로 생각의 웰빙이죠. 여러분도 웰빙이라는 단어를 알고 있지요? 햄버거나 피자, 라면보다 건강을 위해 과일이나 채소 위주 식사를 하는 웰빙 식사라는 것도 있잖아요.

  이제 먹는 것뿐만 아니라 생각도 웰빙을 해요. 자신을 괴롭히는 두려움, 불안감 같은 것들은 머릿속에서 싹 지워 버리는 거예요.

  부정적이거나 좋지 않은 생각들은 몸에 좋지 않은 음식을 머릿속에 마구 넣는 것과 똑같은 거니까요.

2014년 3월 6일

난 무엇이든 할 수 있어!

중학교 1학년인 지민이는 태어나서 처음으로 아르바이트를 했다.
그래서 받은 월급이 45만 원!
겨울 방학 내내 매일 아침 우유 배달을 했다.
우유를 돌리기 위해 새벽 6시부터 아파트 단지를 돌 때면 따뜻한 침대가 그리웠다.
겨울이라 손이 시려워 손가락이 떨어져 나갈 듯이 아팠다.
그나마 엄마가 떠 주신 털장갑이 조금 위로가 됐다.
아르바이트를 권한 것은 아빠였다.
"지민아! 너에게 가장 필요한 공부는 자립심이야! 어렸을 때부터 엄마가 다 해 주니 네가 스스로 알아서 할 수 있는 일이 없잖니? 절대로 그래서는 안 된다. 한 달만 버티고 해 봐라. 정말 많은 것을 배우고 느낄 거야!"

지민이는 우리 집이 가난한 것도 아닌데 내가 왜 그런 고생을 해야 하냐며 싫다고 우겼다.

그러다가 돈이 생기면 MP3를 최신형으로 바꿀 수 있을 거라는 욕심에 아르바이트를 해 보기로 마음을 바꿨다.

아버지의 강력한 권유로 시작한 아르바이트는 지민이에게 많은 것을 느끼게 해 주었다.

돈이란 쓰기는 쉬워도 벌기는 어렵다는 생각이 가장 먼저 들었다. 부모님이 정말 힘들게 버시는 돈을 아껴 써야겠다는 생각도 했다.

어떤 날은 감기 기운이 있어 아르바이트를 쉬고 싶은 날도 있었지만 꾹 참고 나가면서 지민이는 '책임감'이라는 것도 배우게 되었다.

힘들게 경험하고 나서 한 달 월급을 받는 순간 지민이의 눈에서는 눈물이 핑 돌았다. 노력의 열매를 맛보는 순간이었다. 그 맛은 정말로 달았다.

이제 지민이는 용돈을 함부로 쓰지 않을 것이다. 학용품도 낭비하지 않고, 툭하면 잃어버렸던 우산이나 손수건 같은 것도 소중하게 챙길 것이다.

무엇보다도 시간을 소중하게 생각할 것이다.

아르바이트를 통해서 얻은 경험 중에 가장 귀한 것이 있다면 스스로 알아서 해야 한다는 것이다.

엄마가 깨워서 일어나는 것이 아니라, 엄마 아빠가 시켜서 공부하는 것이 아니라, 스스로 챙기고 필요한 것을 계획하고 점검해야 한다는 것을 알게 된 것이다.

엄마, 아빠는 그런 지민이를 보며 기특하다고 칭찬해 주셨다.

지민이도 스스로가 조금은 어른스러워진 것 같아 뿌듯했다. 가능할지 모르지만 지금 생각으로는 다음 여름 방학을 이용해 청소 아르바이트를 해 볼 계획이다.

내가 여러분에게 강조하고 싶은 것이 바로 '자립심'이에요.
자립심이란, 말 그대로 누구에게도 의지하지 않고
혼자 꿋꿋하게 일어설 수 있는 힘이에요.
험한 세상을 멋지게 헤쳐 가려면 자립심이 꼭 필요합니다.

    어렸을 때부터 나는 내 힘으로 학비를 벌면서 학교를 다녀야 했어요. 어릴 때는 그런 현실이 너무도 싫었죠. 나도 친구들처럼 예쁜 옷도 입고 편안하게 지내고 싶었어요.
    그런데 커 보니까 어렸을 때 그렇게 힘들게 보냈던 시절들이 오히려 감사하게 느껴지더라고요. 왜냐고요? 일찍부터 자립심을 배웠으니까요. 그렇게 강하게 키운 자립심 덕분에 어떤 일을 하더라도 다른 사람에게 의지하지 않고 스스로 일어설 수 있는 엄청난 힘을 가지게 되었어요. 스스로 하지 않으면 아무것도 이룰 수 없다는 것도 절실하게 느끼게 되었고요.

내가 여러분에게 강조하고 싶은 것이 바로 '자립심'이에요. 자립심이 무엇이냐면 말 그대로 누구에게도 의지하지 않고 혼자 꿋꿋하게 일어설 수 있는 힘이에요. 험한 세상을 멋지게 헤쳐 가려면 자립심이 꼭 필요하답니다.

자립심이 강한지 아닌지는 간단한 심리 테스트로 알 수 있어요.

만일 여러분이 혼자 어딘가에 뚝 떨어져 있다고 생각해 봐요. 밥을 챙겨 줄 사람도 없고 잘 곳도 없는 곳에서 혼자 살아가야 한다면 어떨까요? 그때 '혼자서도 할 수 있다'라고 대답할 수 있는 사람은 자립심이 정말 강한 거예요.

아마 대부분의 사람들이 두려워할 거예요. 특히 요즘에는 엄마가 하나에서부터 열까지 모든 것을 다 챙겨 주시니까 더더욱 힘들 거라 생각해요.

내가 아는 친구는 중학생인데 아직도 밥을 떠먹여 주어야 겨우겨우 먹고, 옷도 입혀 주어야 입는다고 해요. 정말 한심하지 않나요? 물론 그 친구는 심각하게 의존적이지만 우리 친구들도 크게 다르지는 않을 거예요.

여러분을 위해서 절대로 그렇게 나약해지면 안 돼요. 지금부터 스스로 할 수 있는 일들은 스스로 하는 습관을 길러 보아요.

호랑이도 새끼를 낳으면 언덕에서 떨어뜨려 살아서 기어 올라오는 새끼만 키운다고 해요. 우리는 호랑이가 아니니까 그 정도는 아니어도 스스로 판단할 수 있는 머리가 있고 몸이 있는데 부모님이나 다른 사람에게 의지하면 안 되겠지요.

오늘부터 하나하나 실천해 보아요.

스스로 일어나고, 준비물도 책가방도 스스로 챙기고, 밥도 스스로 먹고, 숙제도 스스로 하고, 힘드신 부모님을 위해서 청소도 하고, 쓰레기도 버리고 말이에요. 생각해 보면 할 수 있는 것들이 정말 많답니다.

이런 것을 스스로 할 수 있다면 어디에 뚝 떨어뜨려 놓아도 살 수 있는 힘을 기르게 될 거예요.

여러분에게 가장 필요한 공부랍니다.

2014년 7월 2일

사랑해, 고마워, 하루 세 번 말하기

담임 선생님이 교실에 들어오시더니 환한 얼굴로 말씀하셨다.
"우주가 올해 우리 학교의 '스마일'로 뽑혀 상을 받게 되었어요.
여러분, 스마일로 뽑힌다는 것이 얼마나 대단하고 자랑스러운 일인
줄 알죠? 자, 우주에게 큰 박수를 쳐 줍시다!"
선생님의 말씀이 떨어지기가 무섭게 아이들이 함성을 내지르며
박수를 쳐 주었다.
우주는 기뻐서 얼굴이 발갛게 달아올랐다.
우주네 학교의 스마일 상은 선생님과 친구들, 부모님에게 진심을
담아서 하루 세 번 이상 '사랑해'와 '고마워'를 말하는 표현력

뛰어난 어린이에게 주는 상으로 해마다 여름 방학 직전에 뽑아 상으로 유럽 여행을 보내 준다.
선생님은 아이들의 박수가 그치기를 기다렸다가 웃으면서 말씀하셨다.
"우주가 일어나서 친구들에게 소감을 말해 주었으면 좋겠어요."
우주는 몹시 쑥스러웠지만 금방 활짝 웃으면서 아이들에게 이렇게 말했다.
"저도 그동안 '사랑한다' 는 말을 한다는 것이 상당히 쑥스러웠어요. 특히 엄마에게는 왠지 얼굴이 발개지고 손발이 오그라들면서 힘들었죠.
그런데 「붕어빵」이라는 프로그램에 엄마랑 같이 출연했는데 무뚝뚝한 저를 보면서 엄마가 너무도 속상해 하시는 거예요.
그 모습을 보고 제가 용기를 내서 몇 달 전에 엄마한테 '사랑하고 감사하다' 고 말하니까 엄마가 매우 행복해 하시며

울었어요.

그래서 다음부터는 사랑한다는 말을 더 자주 해야겠다는 결심을 했어요. 그러고 나니 엄마에게뿐 아니라 아빠나 선생님, 친구들에게도 그렇게 말하는 게 부끄럽지 않아 자주 쓰게 되었어요.

여러분도 나처럼 처음에는 '척'이라도 하고 표현을 하면 나중에는 그게 정말로 진심이 되고 엄청 행복한 느낌이 들 거예요. 친구들아! 사랑해, 그리고 고마워!"

친구들은 커다란 용기를 낸 우주에게 '우우' 소리를 내며 우레와 같은 박수를 쳐 주었다.

선생님께서 흐뭇한 미소를 지으며 이렇게 말씀하셨다.

"여러분, 사랑한다, 고맙다는 말은 듣는 사람에게도 그 말을 하는 사람에게도 상상할 수 없을 만큼 큰 에너지를 만들어 줘요. 에너지는 물체를 움직이게 만드는 힘이지요? 말은 사람의 마음을 움직이는 에너지랍니다.

이제 우리 학교뿐만 아니라 이 세상 전체가 사랑하고 감사하기 열풍이니까 우주처럼 멋진 여행을 가고 싶은 사람들은 마음껏

'사랑해'를 외쳐 봅시다."

맨 앞에 앉아 있던 지웅이가 수첩에다 슬며시 무언가를 쓰는 게 보였다.

지웅이는 '나도 2015년 7월에는 꼭 유럽 여행을 갈 수 있도록 사랑하고 고맙다는 말을 많이 해야지'라고 쓰고 있었다.

하와이 사람들은 좋지 않은 일이 일어나면
'미안하다, 사랑한다, 감사하다, 용서한다' 라는
이 네 가지 말을 반복해서 말하면서
긍정적인 에너지를 자신에게 끌어들인다고 해요.

여러분은 '사랑해, 고마워' 라는 말을 하루에 몇 번이나 하나요? 일주일에, 아니 한 달에 몇 번이나 하나요? 말하고 싶은데 너무도 쑥스럽고 어색하죠?

하지만 용기를 내어 꼭 해 봐요. 이 말만큼 힘 있는 말도 없다고 해요. 뇌 과학자들이 최근 '말의 힘' 에 관한 논문을 발표했는데, 감사하는 마음과 사랑하는 마음을 갖고, 또 그것을 제대로 표현하는 사람은 그것을 표현하지 못하는 사람보다 무려 백만 배의 힘을 가지고 있다고 해요. 정말 대단한 차이죠?

여러분이 잘 아는 위대한 과학자 아인슈타인도 바보로 보일 만큼 모든 것에 감사하는 버릇이 있었다고 해요. 사람뿐만이 아니라 물건에조차 말이죠.

실험을 하다가 갑자기 비커를 보고 "비커야, 네 덕분에 이렇게 중요한 실험을 할 수가 있구나. 너무 감사하고 사랑해!"라고 말하곤 했대요.

아침마다 짖는 시끄러운 개에게도 말했대요.

"멍멍아, 아침마다 네가 시끄럽게 짖어 주어서 내가 늦잠을 안 자고 중요한 실험을 할 수 있구나. 정말 고맙다."

후후, 조금 바보 같죠? 그런데 정말 중요한 건 아인슈타인처럼 반복해서 표현하는 것이 정말로 중요하대요.

우리도 엄청난 에너지를 스스로 만들어 내기 위해 이제부터 바보가 한번 되어 보기로 해요.

처음엔 마음에 내키지 않더라도 아침마다 아빠에게 이렇게 인사해 봐요.

"아빠, 회사 잘 다녀오세요. 저희를 위해 얼마나 힘드세요. 진심으로 감사하고 사랑해요!"

엄마에게도 당연히 인사해야지요.

"엄마, 아침밥 맛있게 해 주셔서 정말 감사해요. 내일은 더 맛있는 음식 만들어 주세요. 많이많이 사랑해요!"

이렇게 유머 있게 농담을 섞어 가며 표현하는 어린이가 되면 어떨까요? 말로 안 된다면 처음엔 메모지에 적어서 슬쩍 건네주는 방법도 좋아요.

만일 내 아들 우주와 내 딸 윤아가 '사랑해요, 고마워요!' 하는 표현을 지금보다 더욱 자주 해 준다면 엄마로서 무척 행복할 것 같아요.

내 마음이 이렇듯 여러분 부모님의 마음도 똑같을 거예요.

내가 읽은 책 중에 『호오포노포노의 비밀』이라는 책이 있는데 그 책에서는 '미안하다', '사랑한다', '감사하다', '용서한다' 라는 말이 왜 중요한지 들려줘요.

'호오포노포노' 라는 말은 하와이식 치료법인데요, 하와이 사람들은 좋지 않은 일이 일어나면 늘 이 네 가지 말을 반복해서 말하면서 긍정적인 에너지를 자신에게 끌어들인다고 해요.

이 책을 쓴 휴렌 박사는 정신 병동의 환자들에게 이 네 가지 말만으로 모든 마음의 상처와 아픔을 치료해서 세계적으로 유명해졌다고 해요. 말이 얼마나 대단한 에너지를 가지고 있는지 여러분도 이제부터 한번 실험해 봐요.

그리고 한 가지 더! 여러분, 앞으로 누구에게, 또 어떤 것에 감사함을 느끼고 사랑을 느끼는지 미래일기에 한번 써 보면 어떨까요?

앞으로의 미래의 일을 미리 감사하고 사랑한다면 그 에너지가 훨씬 커져서 좋은 일, 바라는 일들이 다 일어날 것 같지 않나요?

큰 것을 상상하기 어렵다면 작은 것부터 습관을 들이는 것은 어떨까요?

'기말고사 100점 맞게 해 준 참고서야, 정말 고맙다!'

'우리 엄마 뱃살 빼게 해 준 러닝머신아, 정말 고맙다. 사랑해!'

'나를 외롭지 않게 해 주는 멍멍이 토리야, 네가 있어서 정말로 고맙다!'

독이 되는 말

- 네가 뭘 할 수 있어?
- 안 봐도 뻔해. 넌 못해!
- 거짓말 마!

약이 되는 말

- 걱정 마! 다 잘될 거야!
- 최선을 다했으니 결과를 기다리자.
- 실수는 성공의 어머니! 다음엔 더 노력하자!

2030년 10월 5일

내 마음의 비타민

"방금 들어온 뉴스 속보입니다. 한국의 조성우 박사가 올해 노벨 물리학상 수상자로 결정되었습니다."

9시 뉴스를 진행하던 앵커가 뉴스 진행을 멈추고 흥분된 목소리로 속보를 전했다.

"국민 여러분께 다시 전해 드립니다. 한국의 조성우 박사가 노벨 물리학상을 수상하게 되었습니다.

잠시 후 조성우 박사를 전화 연결해 자세한 소식을 들어 보겠습니다."

그러고는 잠시 다른 뉴스가 이어지는가 싶더니 자랑스러운 내 조카

성우의 목소리가 전파를 타고 울려 퍼졌다.
앵커가 조성우 박사에게 수상 소감을 물었다.
"대한민국의 국민으로서 저 역시 기쁩니다. 이 기쁨을 전 국민들과 함께하고 싶습니다.
특히 저와 동고동락했던 대학 연구팀에 이 상을 돌리고 싶습니다."
차분하고도 겸손한 목소리로 성우가 대답했다.
"조 박사님은 앞으로 100년 후 이 지구상에 살게 될 후세에게 영향을 미칠 환경 물리학 분야에서 그 공로를 인정받았습니다.
앞으로의 계획은 어떻게 되십니까?"
이어지는 앵커의 질문에 성우는 또박또박 자신의 입장을 밝혀 나갔다.
"예, 환경 물리학은 생소한 분야이기는 하지만 지구의 자연환경, 나아가서 우주의 자연환경 보존을 위해 꼭 필요한 연구입니다.
이제 그 연구를 현실화시켜 전 세계 사람들에게

골고루 혜택이 돌아가도록 다른 나라의 연구진과 함께 공동 프로젝트를 수행할 생각입니다."

아, 멋진 우리 조카 같으니라고!

"마지막으로 한 가지만 더 질문하겠습니다. 어린 시절 학교에서 책벌레라는 소문이 날 정도로 독서광이었다는 이야기를 들었는데요, 잠깐 어린 시절 이야기를 좀 들려주시지 않겠습니까?"

조성우 박사는 겸손하게 입을 열었다.

"저의 이모가 개그우먼 조혜련 씨입니다. 어렸을 때 저는 만화를 무척 좋아했는데, 어느 날 이모가 책도 음식처럼 편식하지 말고 골고루 읽으라고 하더군요. 그래야 생각에 균형이 잡힌다고요. 그러면서 제게 선물했던 책이 『파브르 곤충기』였어요. 그 책을 읽고 나서 동화는 물론이고 과학 분야의 책도 열심히 읽게 됐죠. 그런 독서가 바탕이 되어 열여섯 무렵에 제 목표를 세웠습니다. 인류의 삶에 보탬이 되는 사람이 되자! 아마 그래서 물리학자의 길을 걷게 되었지 않나 싶습니다.

앞으로도 저는 이 지구가, 아니 이 우주가 아름다워질 수 있는 연구를 평생 해 나갈 것입니다. 감사합니다."

하하하! 성우야! 나의 교훈을 잊지 않고 가슴에 새기고 있었구나.

성우가 내 조카라는 사실이 정말 자랑스러웠다.

책은 여러분을 훌륭한 사람으로 만들어 줘요.
단, 좋은 책을 읽는 것이 중요합니다.
폭력적이거나 자극적인 책들은 좋지 않은
영향을 주니까 오히려 안 읽느니만 못해요.

이번에 쓴 미래일기는 제 조카에 대한 이야기예요.

내게는 조성우라는 이름의 조카가 있는데 지금 아홉 살이에요. 이 아이는 책 읽는 것을 정말로 좋아해서 하루에 책을 3권 이상씩 읽을 정도예요. 화장실을 갈 때도, 친구 집에 갈 때도, 차를 탈 때도 항상 책을 읽지요.

어느 날 성우가 내게 이렇게 말하더군요.

"이모! 세상엔 위대한 사람들이 진짜 많은 것 같아. 나도 그런 사람이 꼭 되고 말 거예요. 저는 훌륭한 과학자가 되어서 아름다운 지구를 지키는 사람이 될 거예요. 꼭이요!"

그 말을 하는 성우의 눈은 반짝반짝거렸어요.

정말로 아름다운 소년이죠? 아홉 살밖에 안 됐는데 그런 멋진 생각을 하다니!

좋은 책을 읽는 것은 매우 중요해요. 나도 일본에서 방송을 하며 여러 일에 도전할 때 힘든 일이 많았어요. 그럴 때면 책을 읽었는데 그 속에서 좋은 생각을 많이 배웠어요. 그때 이렇게 미래일기를 써 보자는 아이디어도 생각해 내게 되었지요.

세계적으로 성공한 사람들은 시간이 있을 때마다 책을 읽는 습관을 가지고 있었어요.

특히 지금 미국의 국방부 장관인 힐러리 클린턴은 초등학교 시절부터 지금까지 철학책을 비롯해서 역사책, 위인전들을 읽으면서 자신이 앞으로 어떤 인생을 살고 싶은지에 대한 상상을 늘 해 왔다고 해요.

어려운 사람을 돕는 국제 구호 활동가 한비야 선생님도 아무리 시간이 없어도 1년에 200권이 넘는 책을 읽는다고 해요.

책은 우리가 직접 경험할 수 없는 여러 가지 것들을 알려 주고 지혜를 가르쳐 주죠.

특히 어린이 친구들은 위인전이나 역사책들을 많이 읽었으면 좋겠어요.

먼저 살아온 사람들의 지혜를 배울 수도 있고 세상을 더 넓게 볼 수 있는 눈을 갖게 해 주니까 말이에요.

「1박 2일」의 이승기 군은 야외 촬영장에서 시간이 날 때마다 틈틈이 책을 읽는다고 강호동이 감탄하면서 자랑을 하더라고요. 게임

도 재밌고 TV도 재미있지만 하루에 한두 시간은 꼭 책을 읽으면 좋겠어요. 반드시 책상에 앉아서 책을 읽지 않아도 돼요. 공원 벤치에 앉아서 시원한 바람과 공기를 마시며 독서를 하면 더욱 좋지요.

제가 요즘 들어 후회하는 것이 있다면 '어렸을 때 책을 좀 많이 읽을 걸!' 하는 거예요. 만약 어렸을 때부터 좋은 책들을 많이 읽었다면 더 멋있는 일들을 구상하고 이루었을 거라는 생각을 해요. 그렇지만 지금도 늦지 않았다고 긍정적으로 생각해요.

여러분, 더도 말고 덜도 말고 일주일에 세 권씩 꼭 책을 읽도록 하자고요. 책은 여러분을 훌륭한 사람으로 만들어 주는 가장 좋은 길이에요.

단, 좋은 책을 읽는 것이 중요해요. 폭력적이거나 자극적인 책들은 좋지 않은 영향을 주니까 오히려 안 읽느니만 못하거든요.

책은 우리에게 비타민이라는 걸 꼭 기억해 둬요.

2033년 12월 19일

나하고 약속하기

영빈이는 오랜만에 초등학교 동창회에 참석했다. 초등학교를 졸업한 지도 벌써 30여 년이 흘렀다. 1년에 몇 번씩 열리는 동창회지만 오늘은 특별하다.

왜냐하면 이번 동창회에 대통령이 참석하기 때문이다.

노가람 대통령!

노가람 대통령뿐 아니라 영빈이 동창 중에는 유명한 사람들이 꽤 많다. 정치인 한상호도 있고, 세계적인 피아니스트 정하나, 국민 MC 이재석도 있다.

학교 다닐 때는 다들 코를 찔찔 흘리면서 운동장을 뛰어다니며

놀고는 했는데 이젠 어른이 되어서 세상을 움직이는 훌륭한 사람들로 성장했다.
영빈이의 직업은 만화가다.
어렸을 때부터 만화를 좋아해서 책이며 공책에다 만화 속에 등장하는 주인공들을 그려 놓고는 했다. 어느 날은 읽기 시간에 동시를 배우고 있었는데 글씨가 빼빽한 다른 페이지와는 달리 종이 여백이 너무 많아 교과서에 정신없이 만화를 그리고 있다가 선생님께 혼쭐이 나기도 했다.
하라는 공부는 안 하고 늘 만화만 그린다고 엄마에게 꾸중도 많이 들었다.
그래도 친구들이 만화 주인공 하나만 그려 달라고 영빈이를

졸라 대며 지우개며 연필 따위를 갖다 바칠 때는 은근히 목에 힘이 들어가고는 했다.

영빈은 크면 멋진 만화가가 되리라고 마음먹었다.

그리고 어른이 되어서 정말 그렇게 되었다.

영빈이는 그리 유명한 만화가가 아니라서 남들처럼 돈을 많이 벌지는 못한다. 그래도 자신의 일에 대한 자부심은 세상 어디 내놔도 부끄럽지 않다.

영빈이는 자신이 좋아하는 일을 해서 누구보다 행복하다고 생각한다.

가끔 주변 사람들이 괜히 참견을 하며 영빈이에게 이렇게 이야기한다.

"야! 넌 돈 잘 벌고 힘을 가진 친구들이 안 부럽냐? 만날 작업실에 틀어박혀서 만화나 그리고 말야! 한 번이라도 다른 인생을 살겠다고 마음먹어 보지 않았어?"

그때마다 영빈이는 환하게 웃으면서 사람들에게 이렇게 이야기한다.

"난 누구도 부러워한 적 없어. 나는 그들과 다르기에 나답게 사는 것이 가장 잘 사는 거라 생각하니까. 다음에 내 만화로 영화 만들 때 그때 꼭 보러 와!"

그러면 어떤 사람들은 코웃음을 치지만 대부분의 사람은 영빈이의 진지함과 성실함을 보고 고개를 끄덕이며 응원해 주었다고 한다.

영빈이 또한 스스로에게 약속한다.

내가 좋아하는 일, 내가 가장 잘하는 일을 열심히 해서 그 분야에서 최고가 되어 보자고!

어제보다 나아진 나인지 아닌지,
1년 전보다 더 좋아졌는지 나빠졌는지,
그렇게 과거의 내 자신과 현재 나를 비교해 보세요.
그러면 매일매일 조금씩 성장할 수 있답니다.

여러분은 가장 속상할 때가 언제인가요? 그래요. 다른 친구들과 비교당할 때이지요.

'옆집 미란이 좀 본받아라! 걔는 이번에도 올백 받았다더라!'

"엄마 친구 딸은 전교 1등인데 그림도 잘 그리고 피아노도 잘 쳐서 대회에 나가면 상을 죄다 휩쓴다더라."

부모님한테 이런 말을 들으면 너무 속상해서 땅 속으로 푹 꺼져 버리고 싶은 생각이 들지 않나요?

그런데 부모님만 탓할 게 아니라 나 역시 내 자신을 누군가와 비교하지는 않았는지 생각해 봐요. 사람들은 자신을 다른 사람과 늘 비교하면서 '난 쟤보다 공부를 못해, 쟤보다 예쁘지 않아, 키도 안 크고, 우리 집은 친구네 집보다 못살고 난 용돈도 적어' 하고 말이에요.

이 세상에는 정말로 다양한 사람들이 살고 있어요. 모두가 다 다르기에 똑같이 살 수 없는데 우리는 우리보다 더 잘난 사람들과 비교하면서 불행을 느껴요.

그런데 여러분, 여러분도 TV에서 다큐멘터리를 봐서 알겠지만 이 지구상에서 살아가고 있는 사람들 중에서 우리보다 훨씬 가난하게 살아도 행복을 느끼며 살아가는 사람들이 많아요.

아마존에 사는 사람들은 몸에 아무것도 걸치지 않고 땅바닥에서 잠을 자고 날고기를 잡아먹으면서도 항상 밝게 웃으면서 살아요. 아프리카 친구들은 먹을 것만 있어도 자신이 세상에서 가장 행복하다고 느끼지요. 그뿐만 아니에요. 배울 수 있는 학교만 있어도, 비를 가릴 수 있는 천막만 있어도, 안심하고 먹을 수 있는 물만 있어도 행복을 느끼는 사람이 무수히 많아요.

그런데 우리는 자신도 모르게 '나'를 위한 삶보다는 '남'보다 더 나은 삶을 사는 것을 목표로 살고 있는 건 아닐까요?

물론 여러분의 잘못은 아니에요. 어릴 때부터 우리는 알게 모르게 경쟁하면서 자라왔어요. 특히 우리 사회가 경쟁사회로 치달으면서 그런 현상들이 더욱 심해졌답니다.

부모님들은 내 아이가 다른 아이보다 조금이라도 잘해야 기분이 좋습니다. 이렇게 비교하는 것은 부모님뿐만 아니라 텔레비전, 신문, 어느 것을 보더라도 다 마찬가지예요. 드라마나 쇼 프로그램에서 '누구보다 누가 낫다'라는 것을 끊임없이 비교하며 알려 주죠.

그러니 우리는 내 친구보다, 내 주위의 사람보다 내가 좀 더 나았으면 하는 생각을 자연스럽게 하는 것이지요. 하지만 분명한 것은 남과 비교하는 것에서부터 불행이 시작된다는 거예요.

강호동은 강호동만의 힘과 매력이 있고 유재석은 유재석만의 재

치와 개성이 있는데 우리는 '국민 MC 둘 중에 누가 더 잘하나? 누가 진정한 국민 MC일까?' 하고 비교를 해요.

나는 나이기에 좋고 있는 그 자체로 행복하다고 생각해 보세요. 수학은 못하지만 누구보다 마음씨가 고와서 다른 친구들을 잘 도와준다거나, 다리가 짧은 대신 멋진 쌍꺼풀이 있다거나, 공부는 못하지만 누구보다도 달리기를 잘한다거나 하는 식으로 말이에요.

자신이 잘하는 것을 계속 생각해 내고 발전시켜서 자신감이 팍팍 넘치는, 그래서 '누가 뭐래도 내가 최고!' 라는 마음을 가지는 것이 가장 행복하게 사는 지름길이에요.

단, 꼭 비교를 해 봐야 하는 것이 있어요. 바로 자신이죠. 어제보다 나아진 나인지 아닌지, 1년 전보다 더 좋아졌는지 나빠졌는지, 그렇게 과거의 내 자신과 현재의 나를 비교해 보세요. 자신을 스스로 비교하면서 관찰해 보면 매일매일 조금씩 성장할 수 있답니다.

제4장

즐거운 상상하기

꿈꾸는 것은 공짜, 상상은 자유예요. 떠올리기만 해도 입가에 미소가 번지는 아름다운 상상! 이왕 상상할 거면 세상을 이롭게 하는 멋진 꿈도 떠올려 봐요. 굶주림이 없는 세상, 전쟁이 없는 세상, 통일된 우리나라……. 우리의 미래는 우리가 만들어 가는 거예요!

2018년 9월 2일

자연의 너른 품으로~

불과 몇 년 전만 해도 사람들이 선망하는 직업이 의사, 변호사 등이었는데 어제 신문을 보니 젊은이들이 가장 선망하는 직업 5위에 농부가 올라 있었다.

옛날 우리 부모님 세대는 자식에게 고된 농사일만큼은 물려주지 않으려고 정말 허리가 휘도록 일해 자식들을 공부시켰다. 그 덕분에 자식들은 도시에서 생활 터전을 잡고 살지만 그렇다고 과연 부모 세대보다 더 행복한가 하는 물음이 생긴다. 요즘은 오히려 복잡한 도시 생활의 피로함 때문에 거꾸로 시골 생활을 동경하게 되는 현상도 낳고 있다. 물 맑고 공기 좋은 시골에서 직업도 갖고 건강한 생활도 누릴 수 있다면 그것만큼 좋은 직업이 어디 있을까 싶다. 젊은이들의 생각의 변화에 박수를 보낸다.

생각해 보니 우리 주변에도 이런 변화는 있다. 영어보다는 자연을 배우려는 운동이 전국적으로 확산되면서 경기도 파주와 분당의 영어 마을이 '농촌 체험 마을'로 바뀌었다.

일단 서울에 있는 아이들은 일주일에 2번 이상 농촌 체험 학습을 해야 한다. 봄에는 모내기, 여름에는 수박 따기, 가을에는 추수하기, 겨울에는 비닐하우스에서 짓는 농사일을 거들어야 한다. 농촌 체험 학습 역시 교과 과정 중의 하나이지만 영어 공부를 할 때와는 다르게 너무도 해맑게 뛰노는 아이들을 보고 있자니 어른들도 덩달아 행복해지곤 한다.

올해 고등학생 이성철 군은 농약을 뿌리지 않고도 병충해를 막을 수 있는 방법을 연구해서 수능 없이 서울대에 입학하는 특혜를 받았다. 자연 속에서 흠뻑 젖어 사는 우리는 너무도 행복하다.

자기 손으로 직접 상추씨를 뿌리고
그 씨가 뿌리를 내려 싹이 트고,
먹음직스러운 상추로 자라는 과정을 지켜보면서
자연의 오묘함을 느끼게 될 거예요.

우리가 사는 도시에서는 자연을 느낄 수 없어서 너무나 답답해요. 빽빽한 아파트 단지, 매연과 공해, 먼지……. 녹색이라고는 찾아볼 수 없는 이 도시에 사는 것이 익숙해졌지만 어느 순간 우리는 숨이 턱 막히는 것을 느낄 수가 있어요.

제가 어렸을 때 살던 곳에서는 시원한 원두막 아래에서 직접 딴 수박을 툭 잘라 아삭아삭 먹기도 하고 냇가에서 발가벗고 친구들과 송사리를 잡느라 고래고래 소리를 지르며 하루 종일 물놀이를 하며 뛰놀았답니다.

내가 살던 시골 마을은 주위가 온통 산이요, 밭이요, 논이었어요.

봄만 되면 소똥 냄새가 진동을 해 손으로 코를 싸매고 다녔지요. 그 소똥은 옆집 세화 언니네가 밭에 준 거름이었어요. 그때는 소똥을 얼마나 소중히 여겼는지…….

우리 집이 땅을 일구면 세화 언니 아버지가 아끼는 소 두 마리를 밭 갈라고 빌려 주셨어요. 정겨운 워낭 소리가 덩그렁덩그렁! 밭일을 하다가 점심 때가 되면 엄마가 맛있는 밥을 광주리 가득 이고 오

셨죠. 밥은 그야말로 먹자마자 뿡 하고 방귀를 뀐다는 꽁보리밥에 '우리가 토끼?' 라는 생각이 들 정도로 채소 반찬이 다였죠.

　반찬이 적다고 투덜대면 엄마는 밭에서 싱싱한 오이와 매운 고추를 뚝 따서 몸빼 바지에 쓱쓱 닦아 고추장에 척 찍어서 내 입에도 한 입, 언니 입에도 한 입 넣어 주었어요. 그 맛을 아직도 잊지 못해요. 그때의 꿀맛을 책이 아니라 TV였다면 표정으로 실감나게 보여 주었을 텐데 아쉽네요. 하하하!

　후식으로는 토마토를 바로 따 먹기도 했어요. 여러분은 혹시 가지를 생으로 먹어 본 적이 있나요? 가지는 생으로 먹어도 달큰한 것이 정말 맛있어요. 단, 입 주위가 보라색으로 물드는 게 안 좋은 점이에요. 나는 가지를 좋아해 한꺼번에 두 개도 먹어 치울 때가 많았는데, 그러면 언니가 "너 춥냐? 입술이 왜 그렇게 퍼래?" 하며 놀려 대고는 했지요.

　그런 정겨웠던 생활들을 도시에 사는 우리는 전혀 누릴 수 없으니 너무도 마음이 아프네요.

　자연과 더불어 산다는 건 왠지 여유로움을 주고 마음이 따뜻해지는 것 같아요.

나이 드시면 어르신들이 도시가 아닌 시골로 내려가는 이유도 그래서인 거죠.

여러분도 기회가 된다면 부모님과 작은 주말 농장이라도 가꾸어 보세요. 자기 손으로 직접 상추씨를 뿌리고 그 씨가 뿌리를 내려 싹이 트고, 먹음직스러운 상추로 자라는 과정을 지켜보면서 자연의 오묘함을 느끼게 될 거예요.

이 미래일기를 쓴 이유는 여러분의 미래의 꿈이 멋있는 의사나 변호사가 되는 것도 좋지만 자연과 더불어 살아가며 멋지게 농사짓는 직업을 가져도 좋겠다는 생각을 해서예요.

멋있는 작업복에 선글라스와 삽을 든 당신! 아름다울 거예요~!

2014년 5월 19일

세계에서 만난 우리 한글

여기는 이탈리아 로마의 콜로세움 광장. 이탈리아에 살고 있는 우리 교민들에게 강연을 하러 5박 6일 일정으로 로마에 온 나는 잠깐 짬을 내어 관광을 하고 있다.

아직 이태리어를 못하기에 영어로 길을 물었는데 그 사람의 반응에 나는 그만 깜짝 놀라고 말았다.

"혹시 한국 사람? 나도 한국말 알아요. 한국, 너무 좋아요. 동방신기 사랑해요!"

내가 어떻게 그렇게 한국어를 잘하냐고 묻자 그녀는 처음엔 K-POP이 좋아서 한국말을 배웠는데 지금은 취직하는 데도 유리하고 월급도 더 많이 받을 수 있어서란다. 그래서 요즘 매일 4시간씩 공부를 하고 있다고 자랑했다. 물론 이 모든 것을 한국말로 말이다.

그녀는 빅뱅의 '붉은 노을'이라는 노래를 내 앞에서 랩을 섞어 가며 멋지게 불러 주기까지 했다. 이탈리아 로마에서 현지인에게 유창한 한국말을 들으니 감회가 새롭다. 하기야 이탈리아뿐 아니라 이제 세계 어디를 가든 영어와 중국어 다음으로 한국어를 쓴다. 세계 관광지 어디를 가든 한글 표지판은 기본이다. 우리가 영어를 배우느라 스트레스 받던 때를 떠올려 보면 얼마나 행복하고 뿌듯한지 모르겠다.
전 세계인이 우리 한글을 공부하는 날이 오다니 정말 자랑스럽다. 영향력 있는 한 전문가는 앞으로 시간이 더 지나면 과학적으로 만든 아름다운 한글이 세계 공용어가 될 수도 있다고 조심스럽게 예상했다.

'나는 세계를 움직이는 사람이 된다' 하고 외쳐 봐요.
생각은 현실로 됩니다.
왜냐하면 당신은 뛰어난 한글을 쓰는
우수한 한국인이니까요!

여러분, 세종대왕 알죠? 한글을 창제한 임금님 말이에요.

그럼 세종대왕상(King Sejong Prize)은 아나요? 유네스코가 세계 각국의 문맹 퇴치 사업에 가장 큰 공을 세운 개인이나 단체를 뽑아 매년 시상하는 문맹 퇴치 공로상이에요. 1990년도에 시작되어 매년 9월 8일에 개최된대요.

세종대왕은 언어가 없어서 자기의 생각을 표현하지 못하는 백성들을 위해 한글을 만들었지요. 내가 존경하는 인물 가운데 한 분이 바로 세종대왕이에요. 내가 일본어와 중국어를 공부하고 있지만 한글만큼 사람의 느낌을 구체적으로 표현해 내는 언어는 없다는 생각이

들어요.

　세종대왕이 이렇게 뛰어난 한글을 선물했는데 정작 우리는 우리말의 아름다움이나 소중함에 대해 잘 모르는 것 같아요. 게다가 아무리 영어가 중요하다지만 요즘에는 우리말도 잘 못하는데 영어부터 먼저 배워 힘들어하는 아이들도 많더라고요.

　그래서 나는 전 세계 사람들이 한글을 배우는 날이 꼭 올 거라 믿고 몇 년 전부터 미래일기를 써 왔어요. 외국 사람들도 한글의 매력에 푹 빠지는 그런 상상을 해 본 것이지요.

　그런데 이게 웬일인가요. 그 꿈이 진짜 현실이 되고 있어요.

　일본을 중심으로 한류가 퍼지면서 지금은 중국, 미국, 브라질, 베트남, 아프리카 등지에서 한국 드라마와 K-POP 열풍이 불고 있잖아요. 한국말을 배우고 한류 스타를 만나고 싶어 하는 사람들이 엄청나게 생기고 있다고 해요. 얼마 전에는 슈퍼주니어와 샤이니 콘서트를 더 열어 달라고 프랑스 사람들이 루브르 박물관 앞에서 시위를 벌였다고 하니 세상이 정말로 달라진 거죠.

　앞으로 대한민국의 힘은 점점 더 커져 갈 거예요.

　왜냐하면 우리나라 사람들은 아주 우수하거든요. 그 중심에 여러

분이 서 있어요. 이제 여러분이 세계를 움직이는 날이 오는 거예요. 여러분이 한국인이라는 자부심을 가지면 좋겠어요.

　한국인의 힘은 한류 스타뿐만 아니라 스포츠에서도 빛을 발하고 있어요. 예를 들어 볼까요? 일본에는 고등학교 야구팀이 2000개가 있고 한국에는 150개밖에 없어요. 그런데도 한국과 일본이 시합하면 실력이 거의 쌍벽을 이루죠. 세계적인 골프 선수는 대부분이 한국 사람이죠. 얼마 전에 미국에서 열린 아주 큰 골프 대회에서 우승을 겨루는 사람이 둘 다 한국인이었어요. 그뿐이에요? 박지성 선수, 김연아 선수, 박태환 선수 등 엄청난 젊은 선수들이 한국을 빛내고 있죠. 또 「쿵푸팬더 2」의 총제작을 맡은 여인영 감독도 한국 사람이고 세계의 경제를 움직이는 사람들도 한국인이 많답니다.

　나와 개인적으로 아주 친한 세계적인 팝페라 가수(팝송과 오페라를 접목해서 부르는 가수) 임형주 씨는 어릴 때부터 늘 '난 세계적인 사람이 될 거다. 세계를 무대로 하는 사람이 될 거다' 하고 생각해 왔대요. 여러분도 지금부터 '나는 세계를 움직이는 사람이 된다' 하고 외쳐 봐요. 생각은 현실로 됩니다. 왜냐하면 여러분은 뛰어난 한글을 쓰는 우수한 한국인이니까요!

2028년 6월 25일

우리의 소원은 통일

"여기 물냉면 둘, 비빔냉면 둘 주세요. 냉면 한 그릇 먹으려고 한 시간이나 기다렸어요!"

말로만 듣던 진짜 함흥냉면을 먹어 보는 역사적인 순간이다.

우리가 찾은 이곳은 평양에서 가장 유명한 식당인데 날마다 100여 미터씩 줄을 설 정도로 최고로 인기 있는 집이다.

"냉면 나왔음메, 맛있게 드시라이요~"

북한 사투리를 쓰는 점원은 아주 예쁘게 생겼다. 어젯밤 일산 집에서 차로 38선을 넘어 2시간 반 만에 평양에 도착해서 시내 중심가에 자리 잡은 고급 호텔에서 묵었다.

평양의 밤은 매우 아름다웠다. 호텔 맞은편에 이젠 중년 그룹이 된 '소녀시대'가 모델인 화장품 광고 전광판이 반짝거린다. 불과 몇 년 전만 해도 상상조차 하기 힘든 일이었다.

8년 전, 남북이 평화통일을 이루었을 때 전 국민이, 아니 전 세계가 함께 울었다. 지구상에 유일하게 남아 있던 분단 국가가 통일하는 감격적인 순간이었으니까.

내가 통일 국가에서 살게 될 줄이야!

냉면집을 나와서 평양에 세워진 83층짜리 최고층 빌딩의 전망대로 올라갔다. 우리처럼 구경 온 관광객들로 북적댄다. 기념 사진을 찍는 사람들의 표정이 무척 행복해 보인다. 어렸을 때부터 '우리의 소원은 통일! 꿈에도 소원은 통일!'이라고 외쳤는데 멋있게 평화통일을 하고 하나가 되다니 정말로 가슴 뭉클하다. 이제 이 세상에 전쟁 같은 것은 아예 사라져 버렸으면 좋겠다.

나는 평화통일이 오는 그날을 상상하면서
앞으로도 계속 미래일기를 쓸 거예요.
여러분도 저와 같이 미래일기를 쓰면서
통일이 반드시 이루어지도록 에너지를 모아 주세요.

여러분도 다 알지만 우리나라는 지금 남한과 북한으로 나뉘어져 있어요. 복잡한 역사적인 상황이야 있겠지만 그래도 같은 말을 쓰고, 같은 민족인데 볼 수 없고 만날 수 없는 건 너무도 가슴 아픈 일이에요.

특히 이산 가족들의 이야기를 듣다 보면 나도 모르게 눈시울이 붉어지죠. 여러분의 할머니나 할아버지 중에서도 가족과 떨어져 평생을 그리움만 간직한 채 살아가고 계신 분들이 있을 거예요. 그분들의 가슴에 맺힌 응어리를 하루빨리 풀어 드려야 할 텐데 안타깝기만 해요.

지금 북한은 경제난이 심해서 어린아이들이 굶주림에 시달리고 있대요. 그런 생각을 하면 정말로 마음이 아프죠.

내가 일본에서 방송 활동을 할 때 북한에 관한 소식을 많이 접했어요. 얼마 떨어져 있지 않은 곳인데도 너무 먼 나라처럼 느껴지는 북한, 그래도 한 민족인데 너무도 힘들게 사는 북한 사람들의 생활을 방송으로 보다 보면 안타까워서 가슴이 까맣게 탈 정도였어요.

대체 우리는 무엇을 위해, 누구를 위해 이렇게 둘로 나뉘어져 있어야 할까요? 전쟁은 승자도 패자도 없는 이 세상에서 가장 비참한 일인 것 같아요.

만일 통일이 되면 여러분은 가장 하고 싶은 것이 뭔가요?

나는 전쟁 때 북으로 끌려가신 큰아버지를 만나고 싶어요. 물론 나이가 많이 드셔서 지금 살아 계실지는 모르지만 어떻게든 살아오신 흔적만이라도 찾고 싶어요. 우리 할머니는 돌아가시기 전까지 늘 혼잣말로 이렇게 중얼거리셨어요.

'내는 통일 못 보고 가지만, 느그들이 꼭 큰아부지 찾아가라이. 그게 내 소원이구먼.'

나는 평화통일이 오는 그날을 상상하면서 앞으로도 계속 미래일

기를 쓸 거예요.

여러분도 저와 같이 미래일기를 쓰면서 통일이 반드시 이루어지도록 에너지를 모아 주세요. 반드시 폭력이 아닌 평화적으로 이루어지도록 말이죠.

이제까지 가장 불행하게 살아왔던 북한 사람들은 누구보다도 행복해질 권리가 있어요. 남북이 하나가 되어 이 지구상에서 가장 행복한 사람들이 되는 그날을 우리 함께 꿈꿔요.

2025년 8월 7일

나눔의 씨앗을 키워요

소말리아 어린이들과 꼭 3년 만에 다시 만나게 되었다. 오늘이 바로 소말리아에 내가 세운 학교가 문을 여는 날이다. 오늘을 얼마나 기다려 왔던가. 아이들도 학교도 빨리 보고 싶어서 비행기 안에서도 마음이 설레었다.

3년 전, 아프리카 친구들을 처음 만났을 때 나는 그들을 위한 학교를 짓기로 마음먹었다.

나뿐만 아니라 기부나 나눔은 이제 사회적으로 당연한 활동이 되었다.

기업 사장님들이 이 지구상에서 배고픔으로 고통 받는 아이들이 없게 하자는 뜻으로 재산의 50퍼센트를 기부하는 운동을 벌인 덕에 기아에 허덕이는 아이들의 생명을 많이 구했다. 얼마나 기쁜 일인지 모르겠다.

이제부터 또 할 일이 생겼다. 아프리카 아이들에게 꿈을 키우는 방법을 가르쳐야 한다. 먹고살기 급급해서 그동안 배우지 못했던 아프리카 아이들에게 스스로 어떻게 살아가야 하는지 가르쳐야겠다고 마음먹었다. 그래서 나는 조그마한 학교를 지을 계획을 세웠다.

이렇게 마음 따뜻해지는 일을 할 수 있다는 것이 얼마나 다행인지 모르겠다!

내가 이렇게 나눔에 동참하게 된 것은 어려운 사람들을 돕는 일에 앞장서는 원빈, 김장훈 같은 연예인들을 보면서다.

자기가 가지고 있는 것을 나누는 것에 행복을 느끼는 것은 매우 아름다운 일이다.

드디어 학교에 도착했다.

교문에는 '환영합니다, 조혜련'이라고 삐뚤빼뚤 한글로 쓴 플래카드가 걸려 있었다.

웃음이 절로 났다.

교문을 들어서자 아이들이 뛰어나오며 나를 둘러쌌다. 나는 한

사람도 놓치지 않고 한 명 한 명 다 안아 주었다. 열다섯 살
쿤자니는 내가 보내 준 디자인 책을 읽고 패션 디자이너가 되는 게
꿈이라고 수줍게 이야기했다. 살리르는 항상 잘 웃고 또 친구들을
즐겁게 해서 내가 아프리카에서 가장 웃긴 코미디언이 되는 게
어떻겠냐고 이야기해 주었다.

오늘을 기념해 모두 함께 사진을 찍었다.

천사 같은 아이들이 V 자를 그리며 하얀 이를 드러냈다.

찰칵~!

남을 돕는 기쁨을 안다면 여러분은
세상에서 가장 행복한 사람이 되어 가고 있는 거랍니다.
'나만 잘살아야지' 라는 생각으로 사는 것만큼
유치한 인생은 없어요. 더불어 잘살아야 해요.

사람의 행복 중에 가장 큰 행복이 바로 나누는 행복이라고 해요.

여러분도 동생이나 다른 사람에게 자기가 가지고 있는 것을 나누어 준 적이 있지요? 그때 받는 사람이 기분 좋아하면 오히려 준 사람이 더 뿌듯함을 느끼게 되는 거, 그런 기분을 경험한 적이 있을 거예요. 그런 마음이 넓게 퍼져 세상을 아름답게 한답니다.

'나만 잘 먹고 잘살면 된다.' 라는 생각보다 '다 같이 잘살자'는 생각은 아름다운 세상이 되는 지름길이에요.

세상에는 자기가 가지고 있는 것을 남에게 주려고 하는 훌륭한 사람이 너무도 많답니다. 우리가 잘 알고 있는 마이크로소프트 사회장 빌 게이츠도, 주식으로 세계의 갑부가 된 워런 버핏도 자기가 가지고 있는 재산의 95퍼센트를 어려운 사람들을 위해 기부하겠다고 발표하고 실천하고 있답니다. 더 나아가 나누는 기쁨이 너무도 좋은 것이기에 다른 사람들에게도 그렇게 하자고 권유하고 있지요.

가수 김장훈 씨는 자신이 번 돈의 거의 전부를 어려운 사람을 위해 기부하는 것으로 유명해요. 그래서 내가 물었죠. 그렇게 힘들게 벌어서 남을 다 주면 아까운 생각이 안 드냐고요. 그랬더니 김장훈 씨는 그 행복은 돈으로는 절대 살 수 없는 아주 큰 행복이라 무엇과도 바꿀 수 없다고 자신 있게 이야기하더군요.

나도 그들을 닮고 싶어요. 세상의 불행이 없어지도록 말이에요. 자신의 행복보다 다른 사람의 행복을 더 생각한 나이팅게일처럼 말이죠.

아직 할 수 있는 것들이 작지만 계속 이렇게 미래일기를 쓰고 아름다운 상상을 이어 간다면 반드시 해낼 수 있으리라 믿어요.

여러분도 이 아름다운 일들을 하나하나 실천해 보면 어떨까요? 주변에서 찾아보면 분명 할 일이 보일 거예요. 예를 들어 아끼는 인형을 동생에게 준다든지, 어려운 친구들을 돕는다든지, 소말리아의 굶는 친구들을 위해 용돈을 모아 돈을 보낸다든지…….

나누면 마음이 뿌듯해지는 것을 느낄 거예요. 그 느낌을 안다면 여러분은 세상에서 가장 행복한 사람이 되어 가고 있는 거랍니다.

얼마 전 국제 구호에 힘쓰시는 한비야 선생님을 직접 만났어요.

그분은 평생을 지구상에 어렵게 살아가는 사람들을 돌보면서 산답니다.

그분이 나한테 그랬어요. "나만 잘살아야지라는 생각으로 사는 것만큼 유치한 인생은 없다. 같이 잘살아야 한다. 우리는 하나이니까"라고요.

우리에게는 이 지구상에서 함께 살아가는 사람들을 도와야 하는 의무가 있답니다.

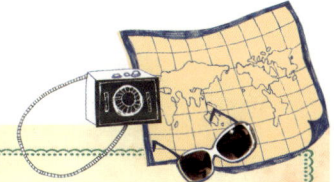

지구촌 곳곳에서 한 사람 한 사람이 보내는 '나눔의 정성'이 모여 어린이의 생명을 구하는 식량이 되고, 어린이가 공부하는 학교가 된답니다.
우리 모두 나눔을 실천하는 아름다운 세상을 만들어요!

나의 미래일기

내 사진을
여기에 붙여요!

이 미래일기를

세상에서 가장 사랑하는 나

_____ 에게 드립니다.

'미래일기'란 무엇일까?

미래일기란 말 그대로 미래의 일을 일기로 쓰는 것이다. 아직 일어나지도 않은 미래의 일을 어떻게 일기로 쓸 수 있는지 궁금해 하는 친구들이 있을 것이다. 솔직히 말하면 그렇다. 우리는 당장 한 시간 뒤에 무슨 일이 일어날지 전혀 모르니까.

그러나 '간절히 원하면 이루어진다' 라는 말이 있듯 아직 일어나지 않은 미래이지만 원하는 미래를 자꾸 떠올리고 상상하다 보면 정말 그렇게 되었다는 사람들이 있다.

몇백 년에 걸쳐 성공한 사람들을 대상으로 성공의 법칙을 연구한 『시크릿』이라는 책에서는 세계적으로 성공한 사람들, 예를 들면 빌 게이츠, 스티브 잡스, 버락 오바마, 아인슈타인, 나이팅게일 등이 미래의 일을 상상하고 만들어 왔다고 말한다.

또 우리가 잘 알고 있는 김연아 선수, 박지성 선수 역시 어린 시절부터 세계적인 선수가 될 거라고 결심하고 노력해 왔다고 한다. 이들의 공통점은 모두 미래에 어떤 사람이 되고 싶은지 상상하고 만들면서 자신이 원하는 미래를 머릿속에 그려 온 것이다. 다시 말해 미래일기를 써 온 셈이다.

미래일기의 비밀은 바로 이것이다.

자기 스스로가 미래의 어떤 일들을 멋지게 상상하고 만들어 가면 자신이 원하는 대로 다 이루어진다.

미래의 주인공인 여러분은 자신의 미래를 어떻게 상상하고 있는가? 어떤 삶을 꿈꾸고, 또 장래희망은 무엇인가? 간절히 원하는 미래가 있는가?

원하든 원하지 않든 미래는 오게 되어 있다. 그렇다면 다가오는 미래를 그냥 기다리기만 할 것이 아니라 자신이 만들어 간다는 생각으로 미래일기를 써 보자. 이 미래일기를 통해 매일매일 자신의 미래를 멋지게 상상하고 계획해 보자.

'미래일기'를 쓸 때 주의할 점

❶ 원하는 것과 그것이 이뤄졌을 때의 느낌을 꼭 함께 쓴다.

미래일기가 에너지를 가지기 위해서는 미래의 그 일이 마치 지금 일어난 것처럼 자세하게 쓰고, 느낌을 살려 쓰는 것이 중요하다. 비록 상상이지만 그것이 실제로 이루어졌다고 생각하고 쓰는 것이 미래일기의 핵심이다.

❷ 구체적인 목표를 정한다.

지금 내가 원하는 것들을 그냥 떠오르는 대로 마음껏 적어 본다. 성적이든 친구관계든 장래희망이든 내가 원하는 것들을 모조리 적어 보는 것이다. 그리고 그 가운데 내가 해내고 싶은 것, 반드시 이루고 싶은 것이 무엇인지 생각해 보고 구체적인 목표를 정한다. 먼 미래의 일이 너무 막막하게 느껴진다면 일단 가까운 미래부터 써 보자.

❸ 날짜를 정확하게 쓴다.

목표가 정해졌다면 그것을 언제까지 이룰 것인지 정확한 날짜를 쓰는 것이 중요하다. 만약 자신이 3개 국어를 모두 정복하는 날을 2018년 5월 5일로 정했으면 그렇게 쓰는 것이다. 이런 식으로 원하는 것을 날짜까지 정해서 언제, 무엇을, 어떻게 할지 정확하게 써 보자.

 ❹ **자기 전에 꼭 읽는다.**

자신이 쓴 미래일기를 자기 전에 꼭 읽어 보는 것이 중요하다. 우리가 잠을 잘 때 우리의 몸은 잠을 자고 있지만 잠재의식은 깨어 있다고 한다. 그래서 자기 전에 내가 원하는 것을 날짜와 함께 읽으면 그 에너지가 전달이 되어서 실제로도 원하는 방향으로 움직이는 것이다.

 ❺ **마치 된 것처럼 행동한다.**

미래일기를 쓴 다음에는 이미 그렇게 된 것처럼 마음을 먹고, 또 행동도 그렇게 하는 것이 중요하다. 이렇게 행동한 대표적인 사람이 「이티」, 「쥬라기 공원」 등을 만든 영화감독 스티븐 스필버그이다. 그는 아직 감독이 되기 전부터 '유니버설 스튜디오'로 2년 동안 매일 출근을 했다. 자기는 이미 세계적으로 유명한 감독이라고 생각하고 그렇게 행동한 것이다.

열렬히 응원하자, 내 인생~!

 내 인생이 앞으로 어떻게 전개될지 큰 그림을 한번 그려 보자. 가깝게는 초등학교 졸업과 중학교 입학이 있을 것이고, 조금 먼 미래에 고등학교 입학, 대학 입학, 취업, 결혼 등의 일들이 일어날 것이다. 그후에도 계속 미래는 이어질 것이다. 미래의 내 모습은 과연 어떨까? 어떤 인생을 살아가게 될까? 아직 일어나지 않은 미래의 일들이지만 지금부터 구체적으로 상상하고 계획해서 나의 미래일기를 적어 보자. 나의 미래는 내가 원하는 대로 내가 만들어 나가자~!

초등학교 졸업

중학교 입학

고등학교 입학

나의 스무살

나의 취업

나의 결혼

나의 30대

나의 버킷리스트

'버킷리스트'는 죽기 전에 꼭 하고 싶은 일들의 목록이다. 물론 살아가면서 하고 싶은 일이나 이루고 싶은 일이 바뀔 수도 있을 것이다. 그렇지만 이 미래일기를 평생 쓴다고 생각하고 결심이 생길 때마다 하나씩 적어 보자. 왜 그것을 하고 싶은지에 대해서도 간략하게 써 보고 자꾸 들여다 보자. 그러다 보면 언젠가 그 상상이 현실이 될 것이다. 만약 그것을 이루었다면 하나씩 지워 나가면서 새로운 상상을 다시 해 보자. 하루하루가 설레고 즐겁지 않을까~?

죽기 전에 내가 꼭 하고 싶은 일

① 기타 배우기 - 오디션 프로에 나가고 싶어서
②
③
④
⑤
⑥
⑦

8
9
10
11
12
13
14
15
16
17
18
19
20
21
22
23
24
25

내가 가 보고 싶은 나라

'자식에게 만 권의 책을 사 주는 것보다 만 리의 여행을 시키는 게 더 유익하다'는 중국 속담이 있다. 그만큼 실제로 경험하고 느끼는 게 중요하다는 말일 것이다. 여행을 많이 다니면 세상을 보는 시야가 넓어져 훨씬 풍부한 삶을 살 수 있다. 자신이 꼭 가 보고 싶은 나라를 미래일기에 쓰고 시간이 날 때마다 틈틈이 그 나라에 대한 정보를 모아 보자. 그리고 그 곳을 여행하고 있는 자신의 모습을 생생히 그려 보자.

▲ 이 곳은 (방콕)이에요

이곳에 사진을 붙여요!

▲ 이 곳은 (   )이에요

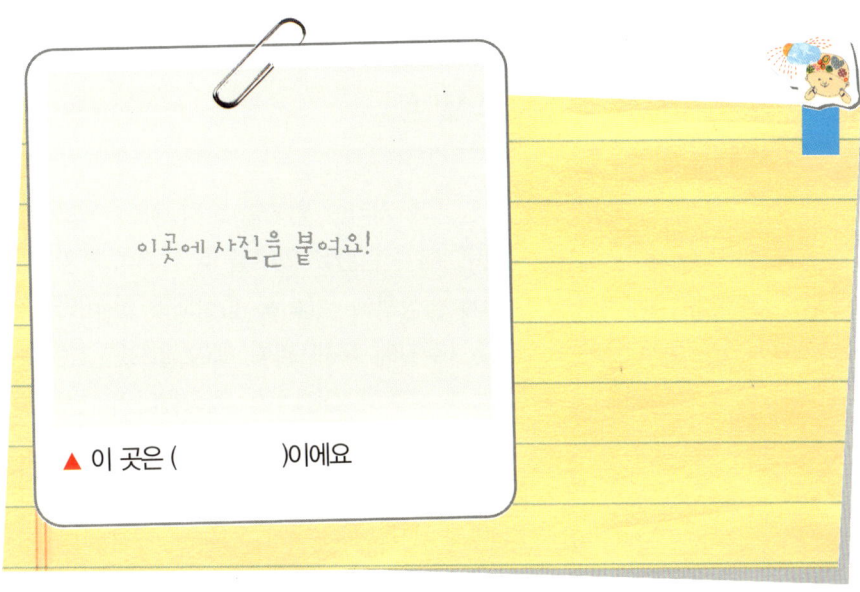

이곳에 사진을 붙여요!

▲ 이 곳은 (   )이에요

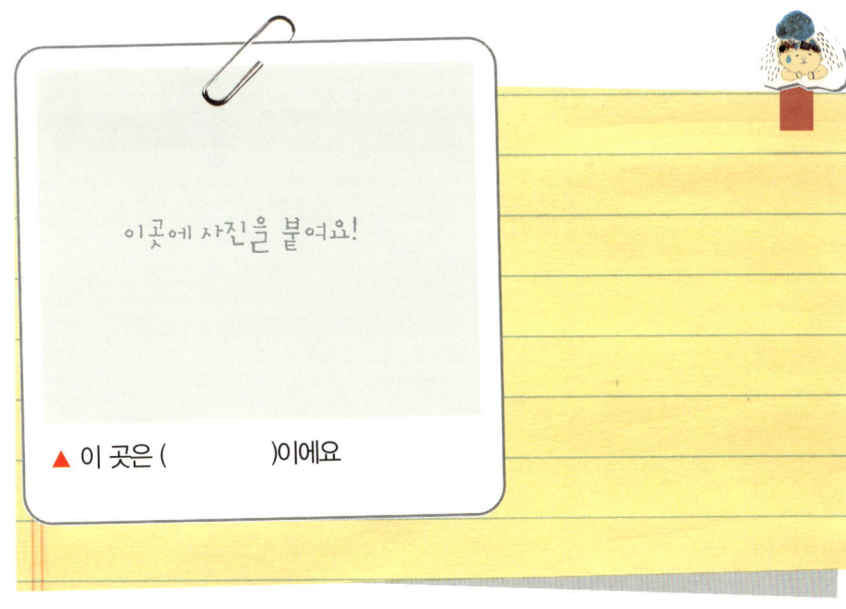

이곳에 사진을 붙여요!

▲ 이 곳은 (   )이에요

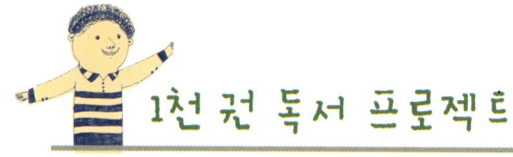

1천 권 독서 프로젝트

　독서는 마치 단짝 친구처럼 내 인생에 커다란 영향을 준다. 내가 목표를 세울 때 길잡이 역할을 해 줄 것이며, 내가 힘들고 외로울 때 즐거움과 기쁨을 줄 것이다. 독서는 미래를 멋지게 상상하기 위해 꼭 섭취해야 할 비타민이다. 하루 한 알씩 비타민을 먹듯 1주일에 두세 권씩 책을 읽으면 1년에 100권이 넘는 책을 읽게 된다. 그렇게 꾸준히 10년 동안 지속한다면 1천 권의 독서를 하게 되는 셈~! 지금부터 1천 권 독서 프로젝트 목표를 이루었다고 생각하고 독서목록을 써 보자.

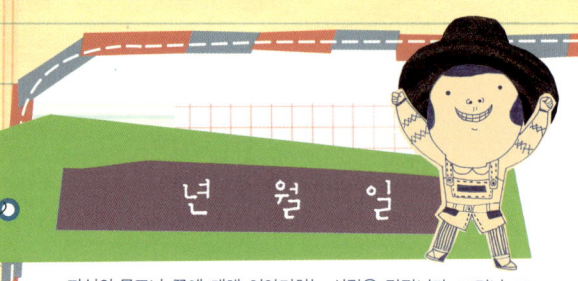

년 월 일

자신의 목표나 꿈에 대해 이야기하는 사람은 많답니다. 그러나 그 꿈을 오랫동안 간직하는 사람은 드물어요. 정말 그것을 하고 싶다면 간절히 원하고, 끝까지 포기하지 않고 꿈꾸면 돼요.

제목

　　　년　　　월　　　일

무언가에 도전해서 그것을 이루었을 때의 만족감은 뭐라고 표현할 수 없는 기쁨이에요. 그 기쁨은 본인이 아니면 아무도 느낄 수 없고, 또 누가 대신 느껴 줄 수도 없는 것이랍니다.

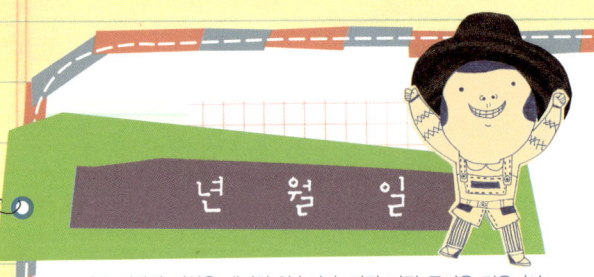

년   월   일

다른 사람의 시선은 개의치 않습니다. 다만 가장 두려운 것은 '어제의 나' 보다 '오늘의 내' 가 더 못한 것입니다. - 안철수

제목

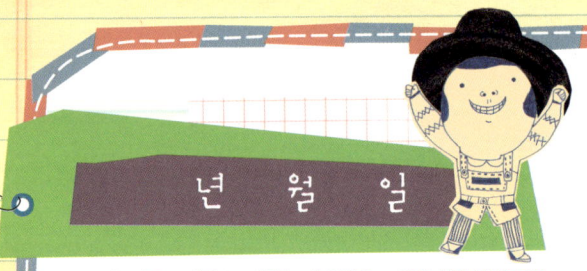

년 월 일

목표는 아주 구체적으로 세우는 게 좋아요. 그래야 실천 방법도 정확해지고 더욱 강한 실천 의지가 생긴답니다.

제목

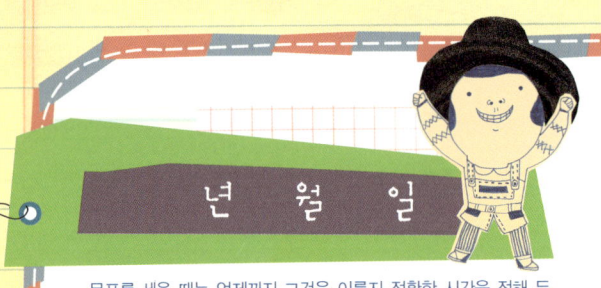

년 월 일

목표를 세울 때는 언제까지 그것을 이룰지 정확한 시간을 정해 두는 게 좋아요. 시간을 정하면 행동을 미루는 습관이 없어져요. 긴장감도 더 생기고요.

제목 ＿＿＿＿＿＿＿＿＿＿

내 사진은 붙여요!

년   월   일

무엇을 이루고 싶다는 미래 목표도 중요하지만, 일상생활에서 이룰 수 있는 작은 목표도 꼭 필요하답니다. 그러니 작은 목표도 여러 개 세워 보아요.

제목

년 월 일

이 우주에 당신이라는 사람은 단 한 명뿐이에요. 아무리 좋은 일이 있더라도 이 세상에 내가 존재하지 않는다면 아무런 소용이 없지요. 나는 정말 소중해요.

제목

년 월 일

어쩌면 자신을 가장 소중히 여기지 않는 사람이 바로 자기 자신인지도 몰라요. 우리는 '내가 어떻게 그걸 하겠어' 하고 자기 자신의 가능성을 믿지 못하거나 무시하곤 하니까요.

년 월 일

혼자 생각하는 시간이 많아야 합니다. 친구를 사귈 때 그 친구와 보내는 시간이 많아야 하는 것처럼 자기 자신과도 잘 사귀어야 해요.

제목

내 사진을 붙여요!

년 월 일

마음을 넓게 가지면 앞으로 살아갈 인생의 그림도 커질 거예요. 대한민국에서 무슨 일을 할지 계획하기보다 세계에서 어떤 일을 할지 꿈을 꿔 봐요.

년   월   일

자기 자신을 진심으로 사랑하는 사람은 다른 사람도 사랑할 수 있어요. 내가 소중하니까 나와 관련된 다른 사람들도 모두 소중하게 느껴지는 거죠.

제목

년 월 일

부정적인 생각보다 긍정적인 생각을 더 많이 하려고 노력해요. 긍정적인 자기암시는 매일매일 좋은 영양소를 섭취하는 것과 같은 활력을 줘요.

제목

년 월 일

우리 몸속의 호르몬 중에는 '세로토닌'이라는 것이 있어요. 이 세로토닌이 많으면 '집중력'이 높아진답니다. 많이 웃고 자주 걷고 도전 정신을 가지면 세로토닌이 많이 분비된대요.

제 목

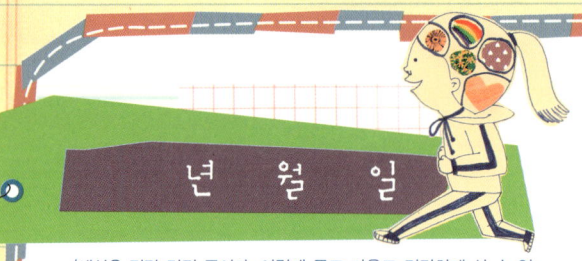

년 월 일

'세상은 정말 멋진 곳이다. 이렇게 몸도 마음도 건강하게 살 수 있어서 정말 행복하다' 라고 생각해 봐요. 그러다 보면 모든 것이 감사하고 아름답게 느껴질 거예요.

제목

보이지 않는 미래지만 내가 원하는 대로 그려 가다 보면 그 즐거운 상상과 희망의 에너지들이 모이고 모여, 내가 원하는 것이 이루어지도록 영향을 미칠 거예요.

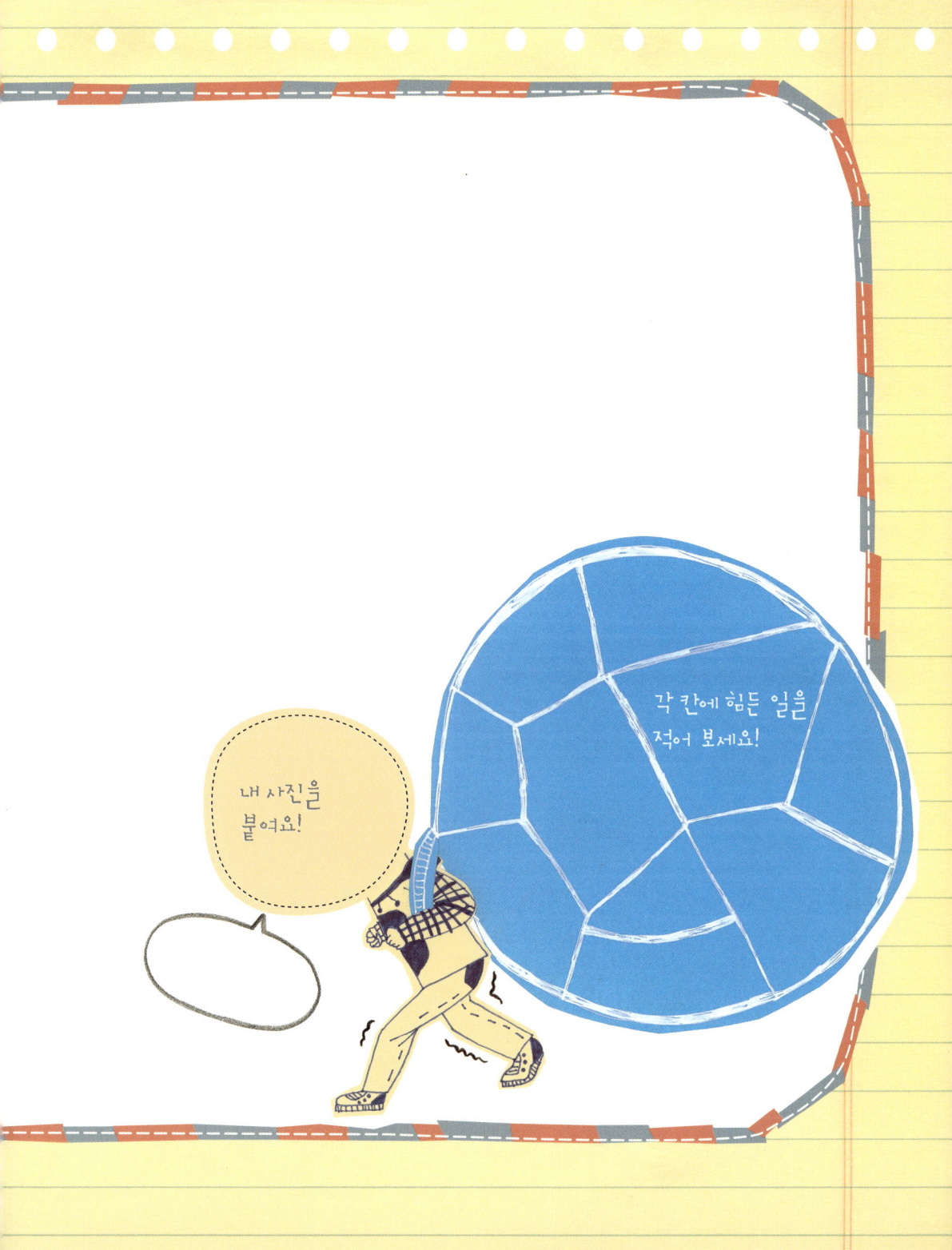

년 월 일

미래일기란 아직 일어나지 않은 미래의 일들을 마치 이미 일어난 것처럼 멋지게 상상해서 쓰는 거예요. 우리 멋진 미래를 꿈꿔 봐요.

제목

 년 월 일

마음에도 습관이 있어요. 긍정적으로 생각하기, 감사한 마음 갖기, 생명을 소중히 여기기 같은 것들 말이에요. 좋은 마음의 습관을 기르면 아름다운 사람으로 자랄 수 있어요.

 제목

　　　　년　　　월　　　일

좋은 마음에서 시작된 좋은 일은 꼬리에 꼬리를 물면서 더 큰 에너지로 이어진답니다. 그리고 그런 행동을 하는 중에 자신의 마음이 따뜻한 행복감으로 물드는 것을 느낄 수 있어요.

제목

년 월 일

처음에는 워낙 가난하니까 여러 가지 계획을 많이 세웠다. 그러나 시간이 지날수록 같이 있어 주는 것이 가장 중요하다는 것을 깨달았다. - 이태석 『친구가 되어 주실래요』 중에서

제목

년   월   일

하와이 사람들은 좋지 않은 일이 일어나면 늘 '미안하다', '사랑한다', '감사하다', '용서한다' 이 네 가지 말을 반복해서 말하면서 긍정적인 에너지를 자신에게 끌어들인다고 해요.

제목

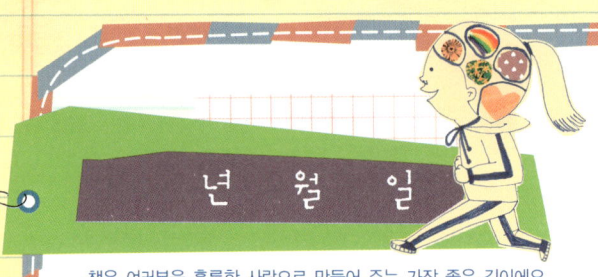

년 월 일

책은 여러분을 훌륭한 사람으로 만들어 주는 가장 좋은 길이에요. 단, 좋은 책을 읽는 것이 중요해요. 폭력적이거나 자극적인 책들은 좋지 않은 영향을 주니까 오히려 안 읽느니만 못해요.

제목 ～～～～～

내 사진을 붙여요!

년 월 일

자신이 잘하는 것을 계속 생각해 내고 발전시켜서 자신감이 팍팍 넘치는, 그래서 '누가 뭐래도 내가 최고!' 라는 마음을 가지는 것이 가장 행복하게 사는 지름길이에요.

남과 비교하는 건 나쁘지만 자기 자신은 꼭 비교해 보는 게 좋아요. 어제보다 나아진 나인지, 1년 전보다 더 좋아졌는지 스스로 비교하면서 관찰하면 매일매일 조금씩 성장할 수 있답니다.

년 월 일

꿈꾸는 것은 공짜, 상상은 자유. 이왕 상상할 거면 세상을 이롭게 하는 멋진 꿈을 떠올려 봐요. 굶주림 없는 세상, 전쟁 없는 세상, 통일된 우리나라……. 우리의 미래는 우리가 만들어 가는 거예요!

제목 ～～～～～～～～

지금부터 '나는 세계를 움직이는 사람이 된다' 하고 외쳐 봐요. 생각은 현실로 됩니다.

년 월 일

사람의 행복 중에 가장 큰 행복이 바로 나누는 행복이라고 해요. '나만 잘 먹고 잘살면 된다'라는 생각보다 '다 같이 잘살자'는 생각이 아름다운 세상을 만드는 지름길이에요.

제목

년 월 일

지구촌 곳곳에서 한 사람 한 사람이 보내는 '나눔의 정성'이 모여 어린이의 생명을 구하는 식량이 되고, 어린이가 공부하는 학교가 된답니다. 우리 모두 나눔을 실천하는 아름다운 세상을 만들어요!

년   월   일

어떤 두려움에도 지지 말고 앞으로 나아가요. 용기를 갖고 꿈을
실행에 옮기는 순간 현실이 됩니다.

제목

년 월 일

할 수 있다고 생각하면 할 수 있고 할 수 없다고 생각하면 할 수 없는 법~! 긍정적인 태도만큼 강력한 것은 없습니다.

제목

년 월 일

나 자신의 삶은 물론 다른 사람의 삶을 삶답게 만들기 위해 끊임없이 정성을 다하고 마음을 다하는 것처럼 아름다운 것은 없다.
- 작가 톨스토이

제목

년 월 일

보다 나은 인간이 되기 위해 애쓰면서 사는 것보다도 더 훌륭한 삶은 없다. 그리고 실제로 보다 나아지고 있음을 느끼는 것보다도 더 큰 만족감은 없다. - 철학자 소크라테스

제목

년 월 일

'사랑해, 고마워'라는 말을 하루에 몇 번이나 하나요? 말하고 싶은데 너무도 쑥스럽고 어색하죠? 하지만 용기를 내어 꼭 해 봐요. 이것만큼 힘 있는 말도 없답니다.

제목

년   월   일

평화통일이 이루어지도록 우리 모두 미래일기에 통일에 관한 상상을 써 보아요. 통일이 이루어지도록 에너지를 모으는 거죠. 반드시 폭력이 아닌 평화적으로 이루어지도록 말이에요.

년   월   일

여행은 기억의 창고를 채우는 것이랍니다. 여행을 많이 한 사람의 마음에는 수많은 기억들이 저장되어 있어 필요할 때마다 조금씩 꺼내쓸 수 있죠. 여행의 힘은 그런 것이랍니다.

제목

년 월 일

여러분들이 더 많은 사람들을 만나고, 더 많은 곳을 돌아다니면서 온 세상 사람들의 에너지를 듬뿍 받았으면 좋겠어요. 세상은 참으로 넓고 크고 멋진 곳이니까요!

제목

내 사진을 붙여요!

매일매일 자신을 응원하고 어루만져 주세요. 힘든 일이 있는 날에는 가슴을 쓰다듬으면서 '난 널 응원해! 넌 세상에서 가장 훌륭하고 멋있는 사람이야.' 라고 말해 주세요. 불끈 힘이 솟아요!

년 월 일

이제 먹는 것뿐만 아니라 생각도 웰빙을 해요. 자신을 괴롭히는 두려움, 불안감 같은 것들은 머릿속에서 싹 지워 버리는 거예요. 부정적이거나 좋지 않은 생각들은 몸에 좋지 않은 음식을 머릿속에 마구 넣는 것과 똑같은 거니까요.

제목

년 월 일

'자립심'이란 누구에게도 의지하지 않고 혼자 꿋꿋하게 일어설 수 있는 힘이에요. 험한 세상을 멋지게 헤쳐 가려면 자립심이 꼭 필요하답니다. 우리 모두 자립심을 길러요!

제목

년   월   일

스스로 일어나고, 준비물도 책가방도 스스로 챙기고, 밥도 스스로 먹고, 숙제도 스스로 하고, 힘드신 부모님을 위해서 청소도 하고, 쓰레기도 버리는 습관을 길러 보아요.

제목

자기 스스로가 미래의 어떤 일들을 멋지게 상상하고
만들어 가면 자신이 원하는 대로 다 이루어진다.

이름	
생년월일	
혈액형	
핸드폰	
E_MAIL	
주소	
BLOG/HOMEPAGE	